한 번에 쏙쏙!
혀쌤의 공부가 좋아지는 공책필기

한 번에 쏙쏙!
허쌤의 공부가 좋아지는 공책필기

허승환 지음 | 허예은 그림

테크빌교육

머리말

"무언가를 원할 때 온 우주는 자네의 소망이 실현되도록 도와준다네." 파울로 코엘료의 소설 《연금술사》에 나오는 글입니다.

2020년 코로나19로 인해 온라인 수업을 하게 되면서 선생님들은 매일 모여 많은 고민을 했습니다. '온라인으로 수업을 하면 아이가 공부를 제대로 하는지 곁에서 챙겨줄 수가 없는데 어떻게 하지?' 그때 '배움공책 작성하기'를 해보자고 결정했는데 정말 이건 '신의 한 수'였답니다. 온라인으로 수업을 받은 학생이 '배움공책'에 그날 공부한 내용을 떠올리며 작성해두면 선생님들은 학생이 오늘 공부한 핵심을 잘 파악했는지 아니면 온라인 공부를 대충 하면서 시간을 낭비해버렸는지를 파악할 수 있어서 제때 도와줄 수 있었거든요. 공책이 참 고마웠습니다.

한 가지 더 생각해 볼까요? 여러분은 학교에서 교육을 받는 목표가 무엇이라 생각하나요? 선생님은 '자립'이라고 생각합니다. 여러분이 스스로 생각해서 행동을 선택하고, 그 선택에 책임을 질 줄 아는 사람으로 자라기를 바랍니다. 온라인 수업에서든 대면 수업에서든 여러분이 선생님에게 검사받기 위해서가 아니라, 엄마 아빠에게 혼나지 않기 위해서가 아니라 '스스로를 위해서' 공부하는 사람으로 자라기를 바랍니다. 스스로 공부하는 힘을 길러주는 아주 훌륭한 기술이 바로 '공책정리'입니다. 내 마음에 들도록 공책정리를 멋지게 해나가다 보면 그 공책에 적은 내용도 귀중하게 느껴진답니다.

선생님은 딸 예은이가 자신의 미래를 위해 홈스쿨링을 하게 되다

보니 자연스럽게 공책에 관심을 가지게 되었답니다. 그리고 초등학교 교실에서 아이들을 가르치다보니, 학생들의 가장 큰 고민이 '시험'과 '성적'이며 가장 큰 소원은 '공부를 잘하는 것'이라는 걸 알 수 있었습니다. 그래서 공책에 관해 연구했고 그 결과를 모아서 공책필기에 관한 첫 책을 만들게 되었지요.

그런데 그 책은 어린이와 함께하는 어른들을 위해 쓴 책이다보니 어린이가 직접 읽기엔 어려운 부분들이 있었습니다. 그런데도 초등학생 제자들이 그 책의 내용이 궁금하다고, 공부를 잘하고 싶다고 책을 사 보는 게 아니겠어요? 제자들에게 책을 선물해주던 주변 선생님들도 어린이용으로도 따로 글을 써달라 요청하기도 했습니다. 부족하지만 그래서 욕심내어 이 책을 쓰기 시작했습니다. 게다가 사랑하는 딸 예은이가 삽화까지 그리기로 해서 더욱 신나게 작업을 했습니다.

지레 공부를 포기하고 "난 왜 이렇게 머리가 나쁠까?", "난 아무짝에도 쓸모가 없는 사람이야.", "난 왜 태어난 걸까?" 하고 자책하고 있는 어린이들, 그래서 자신을 존중하는 마음마저 버리게 된 어린이들에게 아무쪼록 이 책이 다시 시작할 수 있는 힘을 주면 좋겠습니다.

시작하라! 온 우주가 너를 응원한다!

목 차

첫째
공부를 왜 해야 할까요?

1 • 공부를 왜 해야 할까요? …10
2 • 공부 비법을 알려준다! 공부퀴즈 5 …20

둘째
공책을 만나기 전 알아둬야 할 몇 가지

3 • 공책 쓴다고 공부 잘하는 거 맞아요? …34
4 • '똑기질끄나'로 수업태도를 바꿔요 …41
5 • 교과서 제대로 공부하는 법 …48

셋째
공책필기, 본격적으로 시작!

6 • 6단계로 성장하는 공책달인 도전! …58
7 • 3개의 방을 가진 칸칸칸 공책, 코넬노트 …67
8 • 오른쪽 뇌를 제대로 활용하는 씽킹맵 …81
9 • 두뇌가 원하는 최고의 필기법, 마인드맵 …91
10 • 실수가 실력이 되는 오답공책 만들기 …99
11 • '333 공부습관'과 반드시 이루는 목표 만들기 …112

첫째

공부를 왜 해야 할까요?

1. 공부를 왜 해야 할까요?
2. 공부 비법을 알려준다! 공부퀴즈 5

1
공부를 왜 해야 할까요?

여러분, 안녕하세요. 이 책의 저자인 허승환 선생님이라고 해요.

공부 좀 열심히 하겠다고 이 책을 샀는데, 첫 제목이 '공부는 왜 해야 할까요?'라니…. 당황한 친구도 있을 겁니다. 우선 다음 내용을 한번 읽어봐요.

> MBC 프로그램 《7옥타브》에서는 14세에서 73세의 대한민국 남녀 1,200명을 대상으로 '내 인생에서 가장 후회하는 일'이 무엇인지 조사했습니다.
> '당신의 인생에 가장 후회되는 일은 무엇이냐'는 질문에 남녀 모두 "공부 좀 열심히 할 걸"이라는 대답이 가장 많았습니다. 남자 10대부터 50대까지, 여자 10대부터 40대까지 모두 '공부를 열심히 하지 않은 게 가장 후회된다'고 대답했답니다.

내 인생에서 후회되는 일(남자)

	10대	20대	30대	40대	50대	60대	70대
1	공부 좀 할 걸	공부 좀 할 걸	공부 좀 할 걸	공부 좀 할 걸	공부 좀 할 걸	돈 좀 모을 걸	아내 눈에 눈물 나게 한 것
2	엄마한테 대들지 말 걸	엄마 말 좀 들을 걸	돈 모아 집 사둘 걸	술 어지간히 먹을 걸	겁 없이 돈 날린 것	술 줄이고 건강 챙길 걸	노후자금 모아둘 걸
3	친구랑 다투지 말 걸	그 여자 잡을 걸	그 회사 그냥 다닐 걸	땅 좀 사둘 걸	아내한테 못할 짓 한 것	아내한테 못할 짓 한 것	배우고 싶었는데…
4	게임 끊을 걸	돈 좀 아껴 쓸 걸	그 여자 잡을 걸	그 여자 잡을 걸	인생 대충 산 것	배우고 싶었는데…	애들 공부 더 시킬 걸
5	욕 배우지 말 걸	사고 치지 말 걸	아랫사람에게 잘해줄 걸	아내한테 못할 짓 한 것	부모님께 효도할 걸	노는 것 좀 배워둘 걸	술 줄이고 건강 챙길 걸

내 인생에서 후회되는 일(여자)

	10대	20대	30대	40대	50대	60대	70대
1	공부 좀 할 걸	공부 좀 할 걸	공부 좀 할 걸	공부 좀 할 걸	애들 교육 신경 더 쓸 걸	애들에게 더 잘할 걸	배우고 싶었는데…
2	엄마한테 거짓말한 것	엄마 말 좀 잘 들을 걸	이 남자랑 결혼한 것	애들 교육 신경 더 쓸 걸	결혼 잘못한 것	배우고 싶었는데…	먼저 간 남편에게 잘해줄 걸
3	친구랑 싸우지 말 걸	친구랑 싸우지 말 걸	전공 선택 잘못한 것	내 인생 즐겨 볼 걸	공부 좀 할 걸	돈 좀 모아놓을 걸	돈 좀 모아놓을 걸
4	학교 잘못 고른 것	더 화끈하게 놀 걸	결혼 후 직장 그만둔 것	결혼 잘못한 것	남편 바가지 긁은 것	이 집안에 시집 온 것	부모님께 잘할 걸
5	좋은 친구 사귈 걸	사표 낸 것	부모님께 잘할 걸	부모님께 잘할 걸	돈 좀 잘 굴릴 걸	부모님께 잘할 걸	평생 고생 안 한 것

아직 공부를 왜 해야 하는지 알지는 못하겠지만, 위 글과 표를 보니 하지 않으면 나중에 가장 후회되는 일이 공부라는 건 알겠죠?

'공부를 왜 해야 할까요?'라고 물어본 이유는 막연히 공부를 잘하고 싶다고 바라기만 해서는 잘할 수 없기 때문입니다. 먼저 왜 공부를 해야 하는지에 대한 생각을 바로잡아야 합니다.

여러분은 왜 공부를 해야 한다고 생각하나요? 여러분의 생각을 써볼까요?

선생님이 가르치는 6학년 학생들 29명에게 공부를 하고 학원에 다니는 이유를 물어보니, 아래 그림과 같은 결과가 나왔습니다.

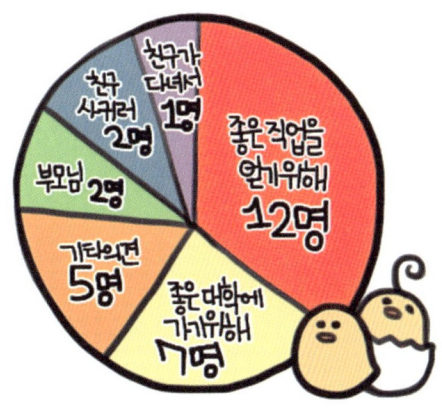

선생님은 '좋은 대학에 가기 위해', '좋은 직업을 얻기 위해'라는 대답이 잘못되었다고 생각하진 않습니다. 하지만 그런 목적 때문에 공부를 한다면, 대학교에 가거나 취직을 하고 나서는 대부분은 더 이상 공부를 하지 않게 됩니다.

인생은 깁니다. 공부해도 시간이 지나면 모두 까먹게 되고, 그나마 대학교를 진학하고 취직하는 데 말고는 필요 없는 공부를 우린 왜 해야 하는 걸까요?

MBC 드라마 《여왕의 교실》에서 선생님에게 한 학생이 "선생님께서는 돈을 벌고 출세하기 위해 공부하는 것은 의미없다고 가르쳐주셨습니다. 그럼 공부는 왜 해야 하는 건가요?"라고 묻습니다. 그러자 선생님은 이렇게 대답합니다.

> 그걸 아직도 모르는 거야? 한심하구나!
> 공부는 해야 하는 것이 아니야. 공부는 하게 되는 거야.
> 공부는 교과서에만 있는 것도 아니야. 공부는 시험을 치기 위해서만 있는 것도 아니야. 모든 인간이 가진 세상에 대한 순수한 호기심. 그 호기심을 풀어가는 과정이 공부야. 그러니 좋은 대학, 좋은 직장이 공부의 목적일 수 없어. 시험과 성적이 공부의 모든 결과일 수 없고.
> 너희들은 공부는 하기 싫은 의무쯤으로 생각하지만 공부는 인간만이 누릴 수 있는 최고의 특권이야.

불행하고 실패한 삶을 살고 싶은 사람은 없을 겁니다. 행복하고 성공한 삶을 위해 '좋은 직업'을 얻고자 하고, '좋은 직업'을 얻기 위해 공부를 열심히 합니다. 하지만 삶은 깁니다. '좋은 직업'을 얻는 것만으로 행복해지지 않습니다.

공부는 단순히 직업을 얻기 위한 것만이 아닌, 길고 괴로울 수 있는 삶을 행복한 삶으로 만들기 위한 도구입니다. 왜냐하면 '세상에 대한 순수한 호기심, 그 호기심을 풀어 가는 과정이 공부'이기 때문입니다.

따라서 공부는 좋은 성적을 받았다고 해서, 학교를 졸업했다고 해서, 대학교를 나와 취직을 한다고 해서 끝나는 게 아닙니다. 우리가 더 나은 삶을 누리고자 하는 한, 공부는 계속될 수밖에 없습니다. 그래서 공부는 의무가 아닙니다. 되려 공부를 할 수 있는 기회과 여유를 가진 사람은 행복한 삶을 누릴 수 있는 최고의 특권을 갖게 된 것이라고 봐도 좋을 것입니다.

이제 여러분은 진정으로 행복하고 성공적인 삶을 살기 위해 가장 필요한 것이 무엇인지 생각해봐야 합니다. '공부부터 잘하고 보자'는 생각은 위험합니다.

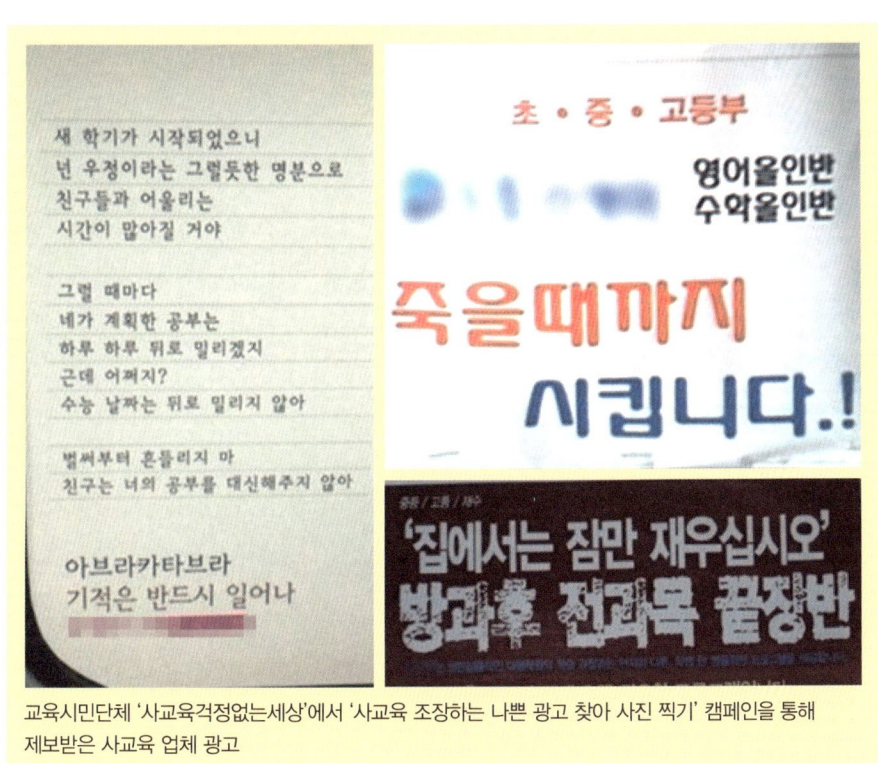

교육시민단체 '사교육걱정없는세상'에서 '사교육 조장하는 나쁜 광고 찾아 사진 찍기' 캠페인을 통해 제보받은 사교육 업체 광고

그렇게 공부를 열심히 한 뒤 막상 직업을 선택할 때, 자신이 무엇을 좋아하고 무엇에 끌리는지, 자신에게 맞는 삶이 무엇인지 모른다면 어떡하나요?

그런데 인생의 목표를 이루는 과정에 공부가 왜 필요한지 깨달으면, 이후의 현실이 힘들더라도 스스로 더 열심히 공부해야겠다는 생각을 가질 수 있습니다. 수능시험 결과가 명문대학교 입학으로 이어지지 않더라도, 자신의 삶에 대해 고민하며 보낸 시간은 인생에서 무엇보다도 값진 경험이자 인생의 나침반이 돼 이후의 삶을 이끌어줄 것입니다.

그러면 스스로 공부를 해야 하는 이유를 깨달으면 얼마나 좋은 결과가 나오는지 알아볼까요?

신종호 서울대학교 교수님이 서울대 경영학과 학생 107명을 대상으로 조사한 결과, 초등학교 때부터 공부를 잘했던 학생은 의외로 25.7%, 즉 네 명 중 한 명밖에 없었다고 합니다. 대부분의 학생들은 고등학생이 되어서야 공부를 잘하게 되었는데, 그 이유는 엄마주도학습이 아니라 자기주도학습이었습니다. 즉 스스로 공부를 왜 해야 하는지 이유를 찾았고 선생님께 검사 받기 위해서가 아니라 자신을 위해 스스로 공부를 한 덕분에 공부를 잘하게 되었다는 겁니다.

앞서 여러분은 공부를 왜 하냐는 질문에 뭐라고 대답했나요? 오랫동안 초등학생들의 공부하는 이유를 조사해보니, 다음과 같이 크게 네 종류로 나눌 수 있었습니다.

"친구들도 하니까", "부모님이 원하시니까" 등 본인도 잘 모르는 '불투명한 목표'

"돈을 많이 벌기 위해", "훌륭한 사람이 되기 위해" 등 구체적이지 않고 '추상적인 목표'

"좋은 대학에 가기 위해", "좋은 직업을 얻기 위해" 등 다른 사람들에게 인정받기 위한 '외적 목표'

"내 꿈을 이루는 데 필요하니까", "새로운 걸 배우는 건 재미있으니까" 등 공부를 어렵고 힘들지 않게 하는 '내적 목표'

여러분이 앞에 적어둔 '공부하는 이유'는 네 가지 목표 가운데 어떤 목표에 가까운가요?

다음은 네 가지 목표를 그림으로 정리해본 것입니다. 과연 현재의 나는 어떤 목표를 가지고 있다고 볼 수 있는지 생각해보고 한 가지 그림을 골라서 동그라미 표시를 해보세요. 그리고 내가 가진 목표에 따라 어떻게 하면 공부를 좀 더 잘할 수 있을지 다음 장을 넘겨 확인해보세요.

공부 목표의 네 가지 종류

- 불투명한 목표

- 추상적인 목표

- 외적 목표

- 내적 목표

공부 목표별 열공 꿀팁

- 불투명한 목표

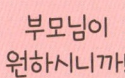 부모님이 원하시니까!

 구체적인 목표를 정해서 공부하도록! 예) 단기: 시험 성적, 장기: 장래희망

- 추상적인 목표

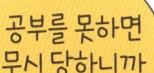 공부를 못하면 무시 당하니까

 자신을 위한 공부, 타인에게 도움을 줄 수 있는 공부를 하면서 공부 자체의 가치와 즐거움을 느낄 것!

- 외적 목표

돈을 많~이 벌기 위해

공부하는 이유를 더욱 구체적이고 실천 가능하게! 공부를 하면 정말 잘살 수 있는지 내 삶에 어떻게 도움이 되는지

- 내적 목표

새로운 것을 배우는 건 즐거우니까!

공부를 힘들어하지 않는 태도를 유지하고 일상에서 더욱 즐기고 놀이하듯 하도록!

꼭 알아두어야 할 사실! 바로 자기주도학습이 가능한 사람일수록 공부하는 이유를 '내적 목표'에 두는 경향이 있다는 겁니다. 내적 목표를 달성했을 때 느끼는 만족감이 클수록 실력을 계속 늘려 나가려고 하는 에너지도 크기 때문입니다. 그러니 내적 목표를 세울 수 있도록 스스로를 돌아봐야겠습니다!

선생님은 '좋은 직업을 얻기 위해' 대신 '좋아하는 직업을 얻기 위해'라고 대답하는 어린이가 더 많아지면 좋겠습니다. '내게 소중한 사람들을 행복하게 해 주기 위해서'라는 대답도 나오면 좋겠습니다. "내 꿈이 다른 사람을 행복하게 하라."가 여러분이 공부를 하는 큰 이유가 되길 바라며.

2
공부 비법을 알려준다!
공부퀴즈 5

여러분은 '공부' 하면 무엇이 떠오르나요? '시험', '학원'이 먼저 떠오르고 스트레스를 받나요? 공부 스트레스는 줄일 수 있습니다! 공부에 왕도는 없지만 확실한 전략은 있거든요.

공부는 우리 몸 어디에서 이뤄지나요? 바로 뇌에서 이루어지지요. 그런데 뇌가 아주 좋아하는 공부법이 있답니다.

공부를 열심히 하겠다고 마음 먹었나요? 뇌가 좋아하는 공부비법에 대해 알아봅시다. 특별한 공부퀴즈 다섯 문제를 소개할게요.

Quiz 1

공부를 잘하는 친구들이
가장 좋아하는 시각은 몇 시일까요?
힌트! 정답은 두 글자이고
'□시'입니다.

□ 안에 들어갈 글자는 무엇일까요? 1분 동안 곰곰이 생각해보세요.

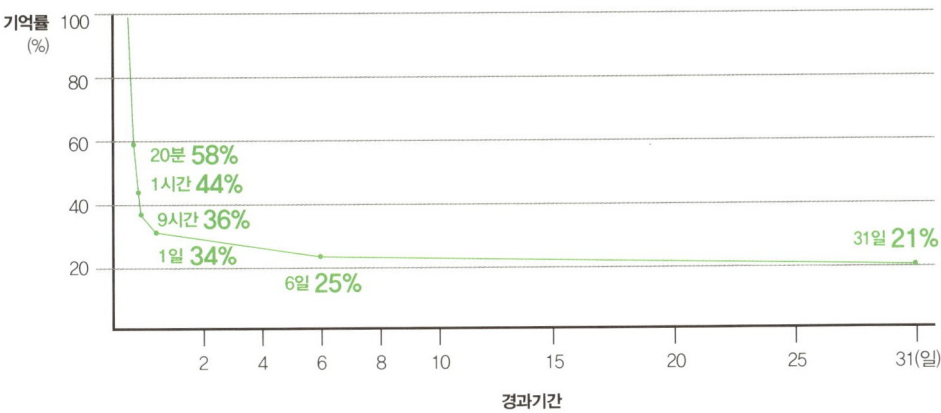

에빙하우스 망각곡선

A. <u>정답은 '즉시'입니다.</u> 독일의 심리학자인 헤르만 에빙하우스가 만든 '망각곡선 이론'에 의하면 여러분이 뭔가를 배우고 난 후 1시간이 지나면 56%, 즉 절반을 잊어버린다고 합니다. 여러분이 머리가 나빠서가 아닙니다. 모든 사람들은 배운 지식을 잊어버리게 되어 있기 때문입니다. 하루가 지나면 66%, 어제 공부한 내용의 상당 부분이 알코올처럼 공중으로 날아가버립니다.

헤르만 에빙하우스

그런데 재미있는 것은 한 달이 지나도 공부한 내용 중의 21%, 즉 10개 중 2개는 기억한다는 것입니다. 잘 생각해보세요. 이건 66%를 잊어버리는 첫 날이 지나고 나면, 그다음 한 달 동안 추가로 잊어버리는 것은 겨우 13%밖에 안 된다는 뜻입니다.

그러니까 <u>공부를 잘해야겠다고 마음먹었다면 공부한 내용을 다시 펼쳐봐야 하는 날은 '공부한 바로 그날'입니다! 잊어버리기 전에 '즉시' 복습을 해야 공부를 잘할 수 있습니다.</u>

Quiz 2

공부를 싫어하는 아이들을
좋아하는 벌레의 이름은 무엇일까요?
힌트! 정답은 두 글자이며
'□충' 입니다.

□ 안에 들어갈 글자는 무엇일까요? 1분 동안 곰곰이 생각해보세요.

A. 정답은 '대충'입니다.

대충 공부하면 안 되니까 우등생들이 무서워합니다.

TMD 교육그룹 연구소에서 4년 동안 성적이 상위 1%인 학생들의 공통점을 조사한 결과, 성적이 오를 때 가장 도움이 된 것은 '공부희열도'(공부하면서 얻는 쾌감)였다고 합니다. 수학 문제 하나를 풀 때도 절대로 답을 보지 않고 끝까지 몰입해 풀 때 '공부희열도'를 느낄 수 있습니다.

Quiz 3

공부를 잘하는 학생들만 다니는 길은 어디일까요?

힌트! 정답은 세 글자이며 '□□로'입니다.

□ 안에 들어갈 글자는 무엇일까요? 1분 동안 곰곰이 생각해보세요.

A. 정답은 '스스로'입니다.

공부를 잘하는 학생들은 부모님이나 선생님이 시켜서 하지 않고 스스로의 의지로 공부를 하려고 노력합니다.

선생님이 교실에서 일 년 동안 우리 반 학생들에게 가장 많이 하는 말은 그리스의 위대한 철학자 아리스토텔레스가 한 다음 말입니다.

"인생을 변화시키는 것은 매일, 스스로 하는 것뿐이다."

하루를 돌아봤을 때 누가 시키지 않아도 매일 하는 일은 무엇이 있나요? 설마 온라인 게임은 아니겠지요? ^^

Quiz 4

공부를 좋아하는 아이들이
반드시 통과해야 하는 두 가지 문은
무슨 문과 무슨 문일까요?
힌트! 각기 두 글자이며
'□문'입니다.

□ 안에 들어갈 글자는 무엇일까요? 1분 동안 곰곰이 생각해보세요.

A. <mark>공부의 달인이 통과해야 하는 두 가지 문은 '의문'과 '질문'입니다.</mark>

기억에는 여러 가지 종류가 있습니다. 학교에서 국어, 수학 등 책상에 앉아서 공부를 하고 나서 기억되는 '의미기억'과 말 그대로 공부하지 않고도 경험에 의해 기억되는 '에피소드 기억'이 있습니다. 학교에서 공부한 내용은 아무리 열심히 공부해도 잊어버리는데 왜 가족들과 함께 놀러간 산과 바다에서의 경험은 잊어버리려 해도 오래오래 기억에 남을까요? 바로 그 기억들이 에피소드 기억이 되었기 때문입니다. 따라서 공부할 때 의미기억을 에피소드 기억으로 만드는 방법을 알아둘 필요가 있습니다.

의미기억을 에피소드 기억으로 만드는 가장 좋은 방법이 바로 '질문'입니다. 수업 중에 선생님에게 질문을 하게 되면 질문하는 학생과 질문을 받는 선생님 사이에 에피소드 기억이 생기게 됩니다. 그러므로 의문을 갖고 질문하는 자세가 중요합니다.

잊지 마세요! 123 수업의 법칙! 하루에 한 번 질문하고, 두 번 복습하고, 세 번 발표하자!

Quiz 5

공부를 좋아하는 학생들만 받는 복이 있어요.
공부의 달인이 활용하는 학습법을
한 단어로 표현하면 이 단어가 되지요.
어떤 복일까요?
힌트는 두 글자이며 '□복'입니다.

□ 안에 들어갈 글자는 무엇일까요? 1분 동안 곰곰이 생각해보세요.

'행복'이라고 대답하는 친구들이 많은데, 정답은 '반복'입니다.

잊어버리기 전에 '즉시' 복습하는 것도 중요하고, 그렇게 복습한 내용을 다시 반복해서 보는 것은 더욱 중요합니다.

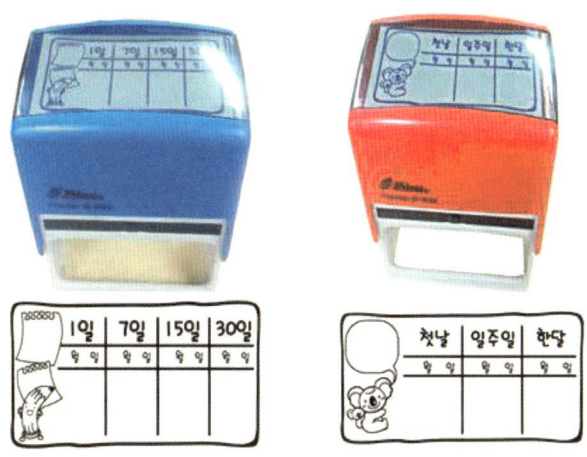

허승환 선생님이 고안한 복습도장들

선생님은 우리 반 학생들에게 처음 공책을 지도할 때 복습주기에 따라 공부할 수 있도록 '복습도장'을 만들어 1일-7일-15일-30일로 네 번에 걸쳐 복습할 수 있도록 돕고 있습니다.

여기에 한 가지만 스스로 추가해볼까요? 10분 뒤 바로 복습을 한번 해보세요. 10분 뒤 복습은 하루 동안 기억을 하게 도와주고, 하루 뒤 복습은 일주일, 일주일 뒤 주말 복습은 한 달, 한 달 뒤 복습은 6개월 이상 기억할 수 있도록 해줍니다. 학습한 내용을 잊지 않고 장기기억으로 만들려면 '10분→하루→일주일→한 달' 주기로 반복해 복습을 해주어야 합니다. 복습 횟수를 늘릴수록 복습할 공부의 양과 시간은 줄어들게 됩니다. 이를 '111 복습'이라고 합니다.

지금까지 읽고 쓴 내용 중 기억나는 걸
자유롭게 적거나 그려 보세요.

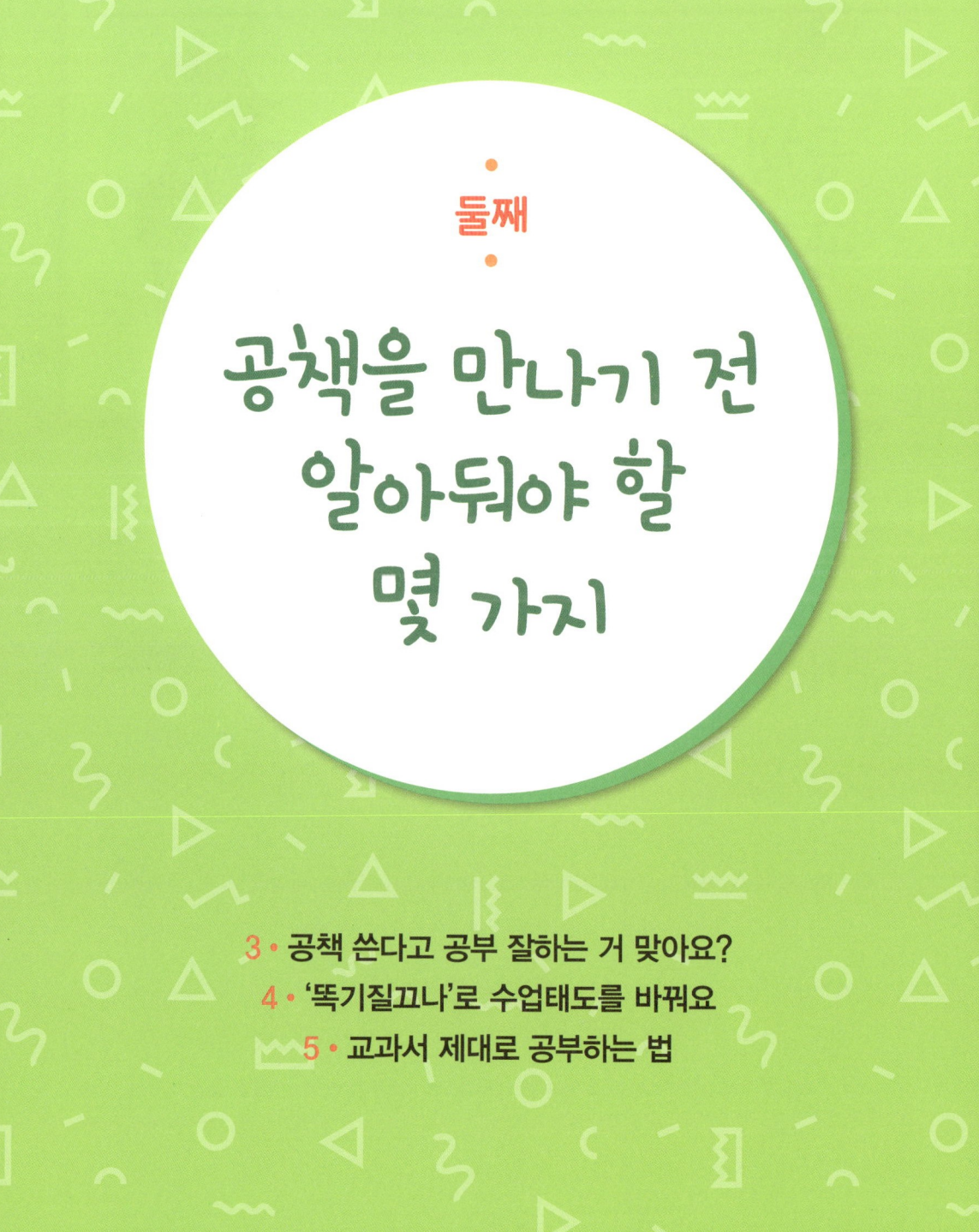

3
공책 쓴다고 공부 잘하는 거 맞아요?

한국 학생들, 필기 가장 소홀하다

4개국 고교생 수업 태도 비교(복수응답, %)

	한국	일본	미국	중국
공책필기를 확실히 한다	68.1	93.1	89.1	90.1
수업 시간에 존다	32.3	45.1	20.3	4.7
적극적으로 발언한다	16.3	14.3	51.0	46.2

한국, 일본, 미국, 중국의 4개국 고교생 약 6,200명을 대상으로 한 조사에서 '수업 시간에 공책필기를 한다'는 항목에 일본 93.1%, 중국 90.1%, 미국 89.1%에 비해 한국 고교생이 68.1%로 꼴찌를 기록했습니다. 왜 한국 학생들은 공책 필기를 많이 하지 않을까요? 미국과 중국, 일본의 고등학생들은 어떻게 90%나 되는 학생들이 평소 수업 시간에 필기를 하는 습관을 가지고 있을까요?

1. 학과 습 이야기

우리는 흔히 공부는 배우는 것이라고만 생각하지만, 배움으로 끝나는 것이 아니라 배운 것을 생각하고 실천할 때 비로소 공부가 완성됩니다. 쓰레기를 버리지 말아야 된다고 배웠지만, 아무렇지도 않게 쓰레기를 버리는 사람을 제대로 배웠다고 할 수 없겠지요?

'학습'에서 학學은 학교, 학원에서 배우고, 과외로 배우는 것을 말하고, 습習은 스스로 익히는 것을 뜻합니다. 공부는 배우는 것學과 익히는 것習, 두 개의 바퀴로 되어 있습니다.

EBS와 성균관대학교 교육학과 김현철 교수님이 전국 164개 학교에서 가장 공부를 잘하는 전교 1등 학생 800명과 일반 학생 700명을 비교해 조사한 적이 있습니다. 조사 결과 전교 1등 학생들은 복습을 위한 '자기 공부시간'이 하루에 4시간 12분이나 되었습니다. 또한 쉬는 시간과 수업 후 자율학습시간, 버스로 등하교하는 시간 틈틈이 그날 배운 것을 복습한다고 했습니다. 뿐만 아니라 공부를 잘하는 학생들의 64%는 성적이 떨어지면 학원을 찾는 게 아니라, '개인 공부시간'을 늘린다고 대답했습니다. 여러분이 공부를 잘하고 싶다면, 학원을 더 많이 다니기보다 '스스로' 공부하는 시간을 늘려야 합니다.

일본의 아키타현 아이들은 학원 하나 다니지 않고도 2007년, 2008년, 2009년 3년 연속으로 일본 학업성취도 1위를 차지했습니다. 아키타현의 교육철학

중 가장 기본이 되는 것은 '스스로 공부하는 습관을 기르는 것'이었고, 이러한 습관을 기르기 위해 반드시 필요로 했던 것이 요즘 교실에서는 자취를 감춘 '공책'이었습니다.

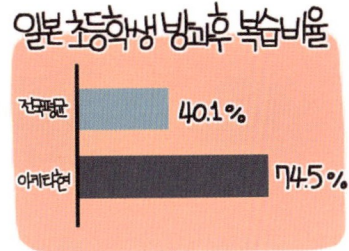

2. 공책필기를 하면 무슨 도움이 되죠?

'공책필기'란 학생들이 수업 시간에 배운 내용을 공책에 기록하고 정리하는 활동입니다. 공책은 정리하는 과정에서 공부가 한 번 진행되고, 이미 공부가 진행된 상태에서는 한 번 읽는 것만으로도 반복학습이 된다는 장점이 있습니다.

공책을 정리하면 어떤 점이 좋을지 더 자세히 알아볼까요?

1 : 기억이 오래 간다

하버드 대학교를 포함해 미국의 10개 명문 대학에 모두 합격한《공부 9단 오기 10단》의 저자 박원희 씨는 "공부를 잘하려면 어떻게 해야 하냐"는 중학생 남동생에게 이렇게 대답합니다.

"수업 시간에 배운 지식은 머리 표면에 달라붙어 있어."
"복습을 바로 하지 않으면 그 지식은 공중으로 날아가버려."
"복습을 바로 해주면 그 지식은 머릿속으로 쏙 들어와 내 것이 되지!"

반복해서 공부하지 않으면 대부분의 기억은 한 시간을 넘지 못합니다. 앞서 공부퀴즈를 풀며 이야기한 대로 우리가 머리가 안 좋아서가 아니라 누구라도 한 시간만 지나면 배운 지식의 절반 이상을 까먹게 되어 있습니다.

결국 공부한 내용을 내 것으로 만들려면, 복습 외에는 방법이 없습니다. 복습에 가장 큰 도움이 되는 것, 그건 바로 수업 시간에 잘 정리한 공책입니다.

수업 시간에 배우는 내용을 그 시간에 다 이해하고 즉시 전부를 외울 수 있다면 굳이 공책필기를 할 필요가 없습니다. 그러나 대부분의 사람들은 적어 놓지 않으면 뭔가를 배우긴 배운 것 같은데 떠올려보려고 하면 생각나는 것이 거의 없습니다. 반면 필기가 된 공책을 보면 '맞아, 이 시간에 선생님께서 이런 말씀을 하셨어!' 하고 생각이 납니다.

공부를 하거나 문제를 풀 때 "어? 이거 공부했던 건데 뭐지?" 하면서 생각이 잘 나지 않는 경우의 대부분은 '인출단서'가 잘못되었기 때문입니다. 우리는 단서가 있으면 쉽게 기억합니다. 옆에 있던 친구가 약간의 힌트만 주어도 바로 생각이 나는 이유는 힌트가 '인출단서'로서 중요한 역할을 했기 때문입니다. 공책필기는 인출단서를 잘 정리해두는 과정입니다.

2 : 시험 볼 때 도움이 된다

배운 내용을 제대로 정리해두었다면, 시험에서 좋은 점수를 받을 수 있습니다. 반드시 기억해야할 것, 절대 잊어버려서는 안 되는 것만 따로 밑줄을 긋거나 표시하여 복습을 통해 자기 것으로 만들고, 다시 정리해야 합니다. 그래야 시험에 도움이 됩니다.

학생들이 초등학교를 졸업하고, 중등학교에 입학하고부터는 더더욱 공책의 중요성이 커집니다. 설명해볼까요? 학교에서 치르는 시험문제를 내는 분은 학교 선생님입니다. 초등학교에서는 선생님 중 몇 분이 과목별로 나누어 출제하는 경우가 많지만, 중등학교에서는 직접 가르치는 선생님이 시험문제를 출제하는 경우가 더욱 많아집니다.

학교 시험이 중요한 이유는 최근 대학입시에서 학교에서 본 시험 성적인 내신이 미치는 영향력이 수능 시험과 비슷해지고 있기 때문입니다. 그 중요한 시험문제를 내는 출제위원은 우리가 지겹도록 보는 학교 선생님이라는 걸 기억하세요. 내신이 중요하다는 것을 안다면, 초등학생 때부터 문제를 출제하는 선생님이 부담스러워하실 정도로 집중해서 수업 내용을 기록해야 합니다. 초등학생 때 잡힌 필기 태도는 상급 학교에 올라갈수록 더욱 큰 열매를 맺게 될 것입니다.

시험 공부를 할 때 자신의 손으로 직접 쓴 공책을 보는 것이 참고서를 여러 번 보는 것보다 효과적이라는 연구 결과도 있습니다.

신체적 움직임은 뇌의 주요 부위를 강하게 자극하고 뇌에 산소를 공급해주며 뉴런의 성장을 촉진하고 뉴런 간의 더 많은 연결을 촉진하는 BDNF(Brain Drived Neurotrophic Factor)를 분비한다고 알려져 있다(BDNF는 뇌내 신경 세포를 연결하고 뇌 발달을 촉진하는 단백질로 기억형성에 중요한 역할을 한다).

필기를 하면서 손을 움직이는 행위는 뇌를 자극해 학습능률을 올려준다. 실제로 대뇌 피질에 있는 운동중추 면적의 30%가 '손'에 해당하는데 이는 손을 움직임으로써 뇌에 줄 수 있는 자극이 상당하다는 것을 말해준다.

– 2008년 6월 16일 한겨레신문 〈'공신' 공부법은 과학이었다〉(진명선 기자) 중 발췌

3 : 수업 시간에 더욱 집중하게 된다

최근 한 연구에 따르면 학생들이 수업 시간에 분당 평균 600단어를 들을 수 있는 반면, 교사는 평균 150단어밖에 말하지 못하기 때문에 학생들이 다른 생각이나 잡담을 하게 된다고 합니다. 그러므로 잡념이나 잡담을 방지하기 위해서라도 수업 시간에 공책필기를 하는 것이 좋습니다. 공책필기는 집중력을 높이고 이해 수준을 향상시키기 때문입니다. 공책을 쓰는 행동은 수업에 집중해야 가능하고, 공책을 쓰는 순간에는 반복적으로 복습하는 경험을 하게 됩니다. 반복하면서 자신도 모르는 사이에 기억과 이해가 잘 됩니다.

4 : 자기만의 지식 형태를 가질 수 있다

수업 시간은 선생님이 쏟아내는 정보의 융단 폭격이라고 해도 틀린 말이 아닙니다. 학생들은 수많은 공부 내용 중에서 '내가 생각하는 중요한 정보'와 '중요하지 않은 정보'를 구분하여 정리해야 합니다. 이때 자기만의 생각을 통해 공책필기를 하게 되면, 학생들은 자기만의 지식 형태를 가질 수 있습니다.

공책필기를 할 때 아무리 노력해도 선생님의 말씀과 판서 내용, 표정, 뉘앙스 등을 다 적을 수는 없습니다. 즉 선생님이 말씀하시는 내용 중에 자신이 중요하다고 생각하는 것을 적어야 하기 때문에 학생이 '어느 정도로 수업 내용에 관해 지식을 가지고 있느냐'가 공책필기의 질을 결정합니다.

"에이~ 뭘 그렇게 힘들게 정리해?"

"공부 잘하는 아이들 공책 복사하면 되지."

어떤 사람은 이렇게 생각할 수도 있습니다. 그러나 과연 그럴까요? 영국 엑시터 대학교의 하우Howe 박사님은 '여러 가지 서로 다른 유형의 공책이 가져오는 공부 효과'를 연구했습니다. 과연 어떤 공책이 시험을 볼 때 가장 도움이 되었을까요? 다음 목록은 공부 효과가 낮은 공책에서 높은 공책 순서로 배열한 것입니다.

1. 다른 친구의 공책을 그대로 베낀 것
2. 자신의 공책을 그대로 베낀 것
3. 다른 친구의 공책을 요약한 것
4. 자신의 공책을 요약한 것
5. 다른 친구의 공책을 핵심 요약한 것
6. 자신의 공책을 핵심 요약한 것

※ 가끔 공책을 확인하는 학생은 정보를 적절하게 흡수할 수 없기 때문에 특히 효과가 낮은 것으로 입증되었습니다.

하우Howe 박사님의 연구 결과는 자신이 직접 생각하며 공책정리를 해야 된다는 걸 알려주고 있습니다.

4
'똑기질끄나'로 수업태도를 바꿔요

가수 이적 씨는 SBS 《힐링캠프》에 출연해 삼 형제를 모두 서울대에 보낸 어머니의 교육방법을 공개했습니다. 뜻밖에도 이적 어머니의 교육법은 '교육시키지 않는 것'이었습니다.

"어릴 때부터 어머니가 책을 보면 같이 보고 숙제도 했다. 어머니는 공부하라는 말은 안 하셨다."

"공부를 잘하면 뭐 해줄 거냐고 물으면 '네가 공부를 하는 건 엄마를 위한 게 아니다. 네 일이다. 네가 좋은 거지, 내가 좋은 거니?'라고 어머니께서 말씀하셨다."

"학교에 있는 시간만이라도 공부를 하라고 했다. 선생님 눈만 똑바로 쳐다보라고 하셨다."

1. 복습의 시작은 수업 시간!

이적 어머니는 공부하라고 강요하는 대신 공부의 습관을 어떻게 잡아야 하는지를 알려줬습니다. 그처럼 공부는 습관이 돼야 합니다. 따라서 초등학생 때부터 공부의 기본 태도만큼은 분명하게 다지고 넘어가야 합니다.

학교에서 수업 시간에 딴짓하고 쉬는 시간엔 친구들과 어울리다 머릿속에 남은 것 하나도 없이 집에 돌아오는 학생들이 많습니다. 학원 수업이나 인터넷 강의, 과외 수업을 받으면 된다고 믿기 때문입니다. 하지만 학교에서의 시간을 허투루 보내는 게 습관이 되면, 중·고등학교에 진학해 낭패를 보기 쉽습니다. 이런 학생들은 중·고등학교에 입학하여 공부량이 엄청나게 늘어나면 '무엇을' '어떻게' 공부해야 할지 몰라 허둥대게 되어 있기 때문입니다.

2. 피해야 할 세 가지 나쁜 수업태도

수업 시간에 학생들이 절대 하지 말아야 할 것에는 어떤 것이 있을까요? 공부를 포기한 학생들에게서 자주 발견되는 공통적인 특징이 몇 가지 있습니다.

1 : 꾸벅꾸벅 졸기

수업 시간에 조는 것도 일종의 습관입니다. 나쁜 습관은 몸에 쉽게 익습니다. 조는 아이들만 자주 좁니다. 조는 게 습관이 되지 않도록 조심해야 합니다.

가장 좋은 방법은 학교 수업 시간에 좋은 컨디션으로 공부할 수 있도록 정해진 시간에 자고 정해진 시간에 일어나는 규칙적인 수면 습관을 갖는 겁니다.

2 : 선생님 눈길 피하기

수업은 선생님과 학생이 서로의 생각을 주고받는 시간입니다. 공부 잘하는 학생들은 선생님을 향해 끊임없이 신호를 보냅니다. 대표적인 신호가 바로 '눈 맞추기'와 '고개 끄덕거리기'입니다. 아무리 잘 가르치는 선생님이라도 받아들이려는 마음가짐이 없는 학생에게는 배울 수 있도록 도와줄 방법이 없습니다. 선생님께 보내는 신호가 많으면 많을수록, 선생님은 더 많은 것을 가르쳐 주고 싶어 합니다. 실제로 교실에서 두 팀으로 나누어 실험을 해보니, 선생님들은 눈빛을 마주치며 고개를 끄덕이는 학생 쪽으로 자기도 모르게 몸을 향했습니다.

3 : 수업 끝나자마자 책 덮기

수업이 끝나자마자 즉시 책을 덮는 아이들이 있습니다. 그러나 최고의 공부 방법은 수업이 끝나자마자 즉시 책을 덮는 게 아니라 즉시 '복습'하는 것입니다.

수업이 끝난 후 어떤 내용을 배웠는지 교과서와 공책을 중심으로 다시 한번 훑어보는 건 정말 중요합니다. 단 1분이면 충분합니다. 1분이라는 시간을 통해 40분의 수업 시간 동안 배운 내용의 흐름을 정리할 수 있습니다.

3. '똑기질끄나'로 수업태도 바꾸기

학생들이 수업하는 모습을 비디오로 촬영해본 적이 있습니다. 대부분 열심히 따라주는 줄 알았는데, 몇몇은 창밖을 보고, 몇몇은 수다 떨기에 바쁘고, 한두 명은 엎드려 있었습니다. 웃으며 쪽지를 건네는 모습도 보였습니다.

물론 교실 속에는 언제나 눈빛을 반짝이며 중요한 내용을 말할 때마다 고개를 끄덕이고, 선생님이 하는 모든 말에 열심히 대답하는 학생들도 있습니다. 모든 학생들이 이렇게 행동을 한다면 얼마나 멋질까요?

이제부터 '똑기질끄나' 수업태도를 활용하면, 좀 더 집중해서 수업을 들을 수 있을 것입니다.

똑 : 똑바로 앉기

돈을 주고라도 사야 할 가장 중요한 첫 번째 수업태도는 선생님의 설명을 들을 때 바른 자세로 앉는 것입니다.

기 : 기울이기

'몸을 선생님 쪽으로 아주 약간 기울이기'가 바른 수업태도의 두 번째 습관입니다. 이것은 학생들이 수업에 흥미를 가지고 있고, 호기심으로 뇌가 자극받고 있는 상태입니다. 이 자세를 취할 때 여러분은 더욱 수업에 집중할 수 있답니다.

질 : 질문하기

수업 중에 알맞은 질문은 학생들이 내용을 이해할 수 있게 해주고, 학생들의 마음이 학습에 바로 들어갈 수 있도록 도와줍니다. 수업 중에 자신에게는 '다음에는 무엇을 하게 될까?'라고 재미있는 질문을 던집니다. 언제든 이해가 안 될 때에는 "선생님, 좀 더 쉽게 설명해 주세요."라고 요청해야 합니다.

끄 : 끄덕이기

대화할 때 고개를 끄덕이는 건 '내가 공감하고 있다'는 것을 보여주는 행동입니다. 수업을 들으며 고개를 끄덕이는 것은 선생님에겐 "저 지금 열심히 듣고 있어요."라는 메시지를 보내는 것입니다. 아울러 뇌에게는 '지금 배우고 있는 것을 이해한다'는 메시지를 보냅니다. 아무 때나 끄덕이는 게 아니라 선생님의 말씀이 잠시 멈추는 짧은 사이사이 고개를 끄덕여야 합니다. 선생님이 알아차리실 정도로 크게 끄덕거려야 합니다. 교사는 이런 '끄덕이기'를 만나면 신이 나서 더욱 열심히 가르치게 될 것입니다.

선생님의 말씀을 들으며 재미있는 이야기에는 적극적으로 웃거나, 웃는 것이 쑥스러우면 미소라도 지어야 합니다. 선생님은 흥이 나서 더욱 즐겁게 수업을 하고, 다음 시간에는 더욱더 수업 준비를 열심히 하게 될 것입니다.

그리고 웃는 학생이 공부도 잘하게 됩니다. 수업 시간에 학생들이 공부하는 표정을 보면 웃으며 공부하는 아이가 없습니다. 양 미간에 힘을 주고 찡그린 경우가 대부분입니다. 공부할 때 심각한 표정을 짓는 게 당연하다고 생각하지 말고 많은 연구가 '찌푸린 얼굴 자체가 공부를 재미없게 만들어 결과적으로 학습효율성을 떨어뜨릴 수도 있다'는 결론을 내렸다는 걸 알았으면 합니다.

심리학자인 레오나르드 마틴과 새빈 스테퍼는 표정이 생각에 얼마나 영향을 주는지를 볼펜을 가지고 실험했습니다. 우선 볼펜 끝을 입에 무는 두 가지 방법을 제시했습니다. 하나는 치아로 무는 것이고, 다른 방법은 치아에 닿지 않게 입술로만 무는 것입니다. 치아만을 사용해 볼펜 끝을 물 때는 어쩔 수 없이 입이 옆으로 벌어지고, 입술로만 물 때는 입이 앞으로 나오면서 볼이 홀쭉해질 겁니다.

볼펜 끝을 입술로만 물 때의 얼굴은 찡그린 표정과 비슷하고, 치아로 물 때는 입이 옆으로 벌어지기 때문에 웃는 표정과 비슷합니다. 볼펜을 입에 무는 방법만 바꿔봐도 실제로는 기분이 나쁘거나 좋을 리 없는데 그런 감정이 표현되었다는 것이 학자들의 결론이었습니다.

공부할 때 여러분의 표정은 기분 좋은 표정입니까? 아니면 억지로 하는 뚱한 모습입니까?

나 : 나중에 선생님과 이야기 나누기

마지막 단계는 '선생님에게 말하기'입니다. 학생들이 공부한 내용을 정말 자신의 것으로 남기고 싶다면, 먼저 선생님과 좋은 관계를 맺어야 합니다. 수업 시작할 때, 수업이 끝났을 때에 선생님을 찾아가 질문을 위해 잠시 남거나 그날 배운 것에 대해 잠깐 이야기하는 것만으로도 선생님과 좋은 관계가 맺어집니다.

5
교과서 제대로 공부하는 법

해마다 유명한 대학교에 수석 입학한 학생에게 공부 비법을 물어보면, 대부분 "교과서로만 공부했어요.", "학원에 다니지 않고 혼자 공부했어요.", "수업 시간에 열심히 들었어요."라는 대답들을 합니다. 이건 단순히 '머리가 좋으니까 그렇겠지.'라고 생각하기에는 엄청난 비밀이 숨어있는 대답입니다.

공부할 때의 기본은 '교과서'입니다. 교사 커뮤니티인 학습놀이터의 선생님들은 교과서를 '밥', 문제집은 '반찬'이라고 표현했습니다. 밥이 되는 교과서는 학교에 두고, 반찬인 문제집에 매달려 공부를 하다보면 정말 중요한 원리와 개념을 놓치고 암기 위주의 문제풀이 공부만 하게 됩니다.

교과서는 전문가들이 만든 교재로 원리와 개념이 쉽게 설명되어 있습니다. 따라서 "교과서로만 공부했어요."라는 대답은 공부 잘하는 학생들의 공부비법일 수밖에 없습니다. 도대체 교과서로만 공부하려면 어떻게 해야 할까요?

교과서 공부의 5단계

 공부 습관에서 중요한 것은 예습-수업-복습의 순서를 지키는 것입니다. 우등생들은 이 세 단계를 놓치지 않습니다. 예습을 하는 이유는 수업 시간을 제대로 활용하기 위해서입니다. 수업 시간에 배운 내용의 70%를 이해해야 효과적인 학습이 가능합니다. 예습을 하면 복습을 더욱 쉽게 할 수 있어서 공부하는 시간을 줄일 수 있습니다. 초등학교에서는 '하루 10분 예습'이면 충분합니다. 공부를 잘하고 싶다면, 공부할 교과서의 내용을 10분만 미리 읽어보면 됩니다. 이렇게 교과서를 스스로 읽으며 공부할 때는 5가지 단계에 따라 순서대로 공부하면 큰 도움이 됩니다.

1 : 교과서 내려다보기

 높은 산에 올라가 내려다보면, 산 주변의 지형이나 건물들의 위치 등을 한눈에 알 수 있습니다. 내가 지나가야 할 길들을 미리 알 수 있어서 중간에 길을 잃어버리지 않게 됩니다. 이처럼 공부를 시작할 때 가장 중요한 첫걸음은 교과서의 맨 앞부분에 있는 '목차'(차례)를 보며 내가 공부할 내용을 미리 살펴보는 것입니다. '목차'에서는 어떤 내용을 배울지 미리 흐름을 짐작할 수 있어서 공부를 잘하는 학생들은 반드시 신경 쓰는 부분입니다.

2 : 소리 내어 읽어라

앞으로 공부하게 될 차례를 확인했다면 2단계는 오늘 공부할 부분을 소리 내어 읽을 차례입니다. 뇌는 자기 목소리를 가장 잘 듣게 되어있기 때문에 읽을 때 더 기억이 잘됩니다. 소리내어 책을 읽게 되면, 앞서 눈으로 글자를 보며 읽은 것을 귀로 듣게 되어 두 배로 공부가 되기 때문입니다. 그럼 이제부터 초등학교 6학년 1학기 사회 교과서에 나오는 글 '환경친화적인 삶'을 활용하여 읽는 법을 차근차근 익혀보겠습니다.

환경친화적인 삶

환경친화적인 삶이란 자신의 행동이 주변 환경에 미치는 영향을 생각하여 행동하며, 환경을 오염시키지 않고 환경과 어울려 살아가는 것을 말한다.

우리 조상들은 필요한 것을 자연에서 구하는 방법으로 환경친화적인 삶을 실천하였다. 땅을 기름지게 만들기 위해 가축의 분뇨나 짚, 잡초, 낙엽 등을 발효시킨 퇴비를 거름으로 이용하는 것이 그 예이다.

물챙이에도 시냇물이 더러워지는 것을 막기 위한 조상들의 지혜가 담겨 있다. 나뭇가지를 촘촘히 엮은 물챙이를 시냇물에 세워 두면 큰 쓰레기는 걸리고 물은 깨끗한 상태로 흘러가게 된다. 물챙이에 걸린 것은 거름으로 쓰거나 말린 뒤 땔감으로 썼다.

또한 우리 조상들은 황토나 볏짚 등 주변에서 집짓기 재료를 얻었다. 초가집의 흙벽은 햇빛과 공기가 잘 통하였고, 집을 헐었을 때 나오는 흙이나 볏짚은 재활용할 수 있었다.

조상들의 환경친화적인 생활 모습은 오늘날 우리 생활에 많은 영향을 미치고 있다. 음식물 쓰레기를 발효시켜 만든 퇴비를 사용하거나 물챙이의 원리를 적용한 하수구의 오물 거름망, 흙벽의 특성을 살린 친환경 주택 등 자연환경과 더불어 살아가려는 노력은 오늘날까지 계속되고 있다.

책을 읽을 때 우리는 한 번에 모든 문장을 다 읽지 않습니다. 책을 많이 읽지 않다가 교과서를 읽으면 읽어도 잘 이해가 안 되는 경우가 많습니다. 그럴 때에는 중간에 뜻이 통하는 단어들을 몇 개씩 묶어서 연필로 '끊어 읽기'를 하면 좋습니다.

> **환경친화적인 삶**
>
> 환경친화적인 삶이란/자신의 행동이/주변 환경에/미치는 영향을/생각하여 행동하며,/환경을/오염시키지 않고/환경과 어울려/살아가는 것을 말한다.

끊어 읽기를 할 때마다 사선(/)을 사이에 그어주면, 잘 이해가 되지 않았던 긴 문장도 쉽게 이해할 수 있습니다. 또한 끊어 읽기를 활용하면 여러 문장들 속에서 가장 중요한 내용이 무엇인지 쉽게 찾을 수 있게 됩니다.

3 : 문단을 나눠라

초등학교 3학년 1학기에 여러분은 '문단'을 공부하게 됩니다. 문단이란 몇 개의 문장이 모여서 하나의 중심 생각을 나타내는 것으로 처음 한 칸을 들여써서 시작합니다. 어떤 줄의 첫 칸이 비어 있는 공백으로 시작한다면, 새로운 문단이 시작된 것입니다.

3단계는 문단을 구분해보는 겁니다. 문단 앞에 번호를 써서 글이 몇 개의 큰 생각, 즉 몇 개의 문단으로 이루어져 있는지를 표시하고, 문단마다 자로 줄을 그어 구분하면 처음 보는 내용도 한눈에 이해할 수 있습니다.

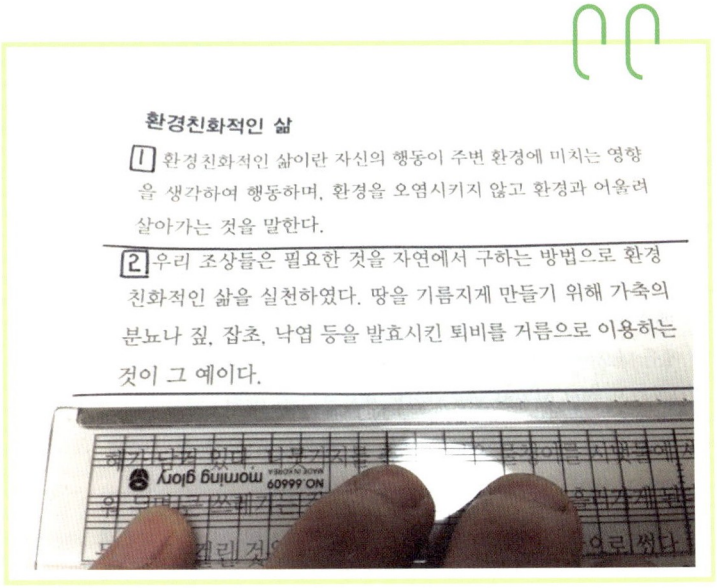

문단 사이에 줄을 긋고 번호를 매기다보면 '환경친화적인 삶' 글이 모두 모두 5개의 문단으로 이루어져 있음을 알 수 있습니다.

4 : 밑줄을 그어라

문단을 나눈 후에는 여러 개의 문장 중에서 가장 중요하다고 생각하는 문장에 밑줄을 그어봅시다. 공부란 '모르는 것을 찾는 것'입니다. 모르는 부분에 밑줄 긋기는 세계적으로 공통적인 공부법이기도 합니다.

책에 밑줄을 그을 때는 신중해야 합니다. 너무 많은 밑줄은 복습할 때 읽을 게 많아져서 공부를 오히려 어렵게 만듭니다. 진짜 중요한 부분을 중심으로 밑줄을 그어야 효과가 있습니다. 그러려면 처음에는 연필로 밑줄을 긋고, 두 번째는 볼펜으로, 마지막 세 번째는 형광펜으로 밑줄을 긋는 것도 좋은 방법입니다. 밑줄을 그을 때는 1/5 정도만 긋는 게 좋습니다.

환경친화적인 삶

1. 환경친화적인 삶이란 자신의 행동이 주변 환경에 미치는 영향을 생각하여 행동하며, 환경을 오염시키지 않고 환경과 어울려 살아가는 것을 말한다.

2. 우리 조상들은 필요한 것을 자연에서 구하는 방법으로 환경친화적인 삶을 실천하였다. 땅을 기름지게 만들기 위해 가축의 분뇨나 짚, 잡초, 낙엽 등을 발효시킨 퇴비를 거름으로 이용하는 것이 그 예이다.

3. 물챙이에도 시냇물이 더러워지는 것을 막기 위한 조상들의 지혜가 담겨 있다. 나뭇가지를 촘촘히 엮은 물챙이를 시냇물에 세워 두면 큰 쓰레기는 걸리고 물은 깨끗한 상태로 흘러가게 된다. 물챙이에 걸린 것은 거름으로 쓰거나 말린 뒤 땔감으로 썼다.

4. 또한 우리 조상들은 황토나 볏짚 등 주변에서 집짓기 재료를 얻었다. 초가집의 흙벽은 햇빛과 공기가 잘 통하였고, 집을 헐었을 때 나오는 흙이나 볏짚은 재활용할 수 있었다.

5. 조상들의 환경친화적인 생활 모습은 오늘날 우리 생활에 많은 영향을 미치고 있다. 음식물 쓰레기를 발효시켜 만든 퇴비를 사용하거나 물챙이의 원리를 적용한 하수구의 오물 거름망, 흙벽의 특성을 살린 친환경 주택 등 자연환경과 더불어 살아가려는 노력은 오늘날까지 계속되고 있다.

대부분의 문단에서 가장 중요한 문장은 그 문단의 첫 문장이거나 마지막 문장인 경우가 많습니다. 이렇게 밑줄을 그어보면, 이렇게 긴 글도 다음과 같이 간단히 요약할 수 있습니다.

환경친화적인 삶이란 환경을 오염시키지 않고 환경과 어울려 살아가는 것을 말하며, 우리 조상들은 발효 퇴비, 물챙이, 초가집 등 필요한 것을 자연에서 구하는 방법으로 환경친화적인 삶을 실천하였다.

오늘날에도 음식물 쓰레기 발효 퇴비, 오물 거름망, 친환경 주택 등 자연 환경과 더불어 살아가려는 노력은 계속되고 있다.

또한, 밑줄을 그을 때 가장 중요한 핵심단어에 ○표를 그려 표시해두면 나중에 공책정리를 할 때 편리합니다.

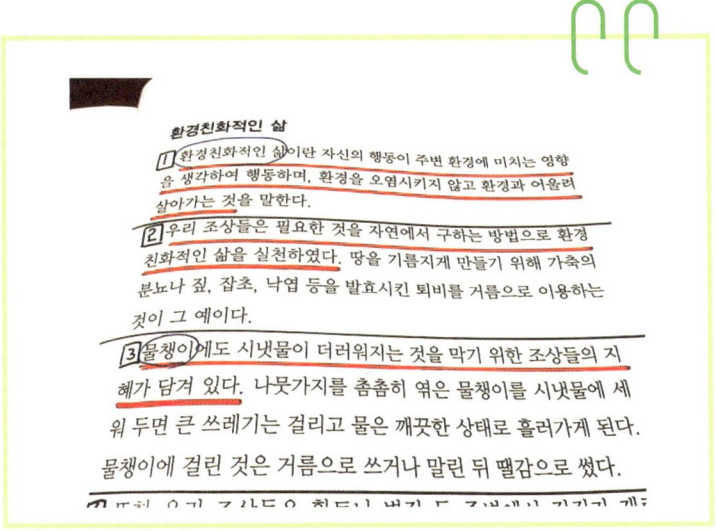

5 : 학습문제를 질문으로 바꿔서 그 질문에 대답하라

자, 이제 교과서를 스스로 공부하는 가장 중요한 5단계에 왔습니다. 5단계는 그 시간에 공부할 학습문제를 질문으로 바꿔서 교과서나 책을 보지 않고 그 질문에 스스로 대답할 수 있으면 됩니다. 이번에 배운 '환경친화적인 삶'이 공부할 학습문제였다면, '환경친화적인 삶이란 무엇일까?'라는 질문을 만들고, 스스로 그 대답을 해보는 겁니다. 여러분이라면 뭐라고 대답하겠습니까?

지금까지 읽고 쓴 내용 중 기억나는 걸
자유롭게 적거나 그려 보세요.

셋째

공책필기, 본격적으로 시작!

6 • 6단계로 성장하는 공책달인 도전!
7 • 3개의 방을 가진 칸칸칸 공책, 코넬노트
8 • 오른쪽 뇌를 제대로 활용하는 씽킹맵
9 • 두뇌가 원하는 최고의 필기법, 마인드맵
10 • 실수가 실력이 되는 오답공책 만들기
11 • '333 공부습관'과 반드시 이루는 목표 만들기

6

6단계로 성장하는 공책달인 도전!

선생님은 30년 가까이 학교에서 학생들의 공책을 지도하다보니, 공책정리도 게임처럼 레벨업이 있다는 것을 알게 되었습니다. 그래서 선생님은 6단계 공책레벨을 제시하고, 어린이들이 자신의 공책정리 레벨을 차근차근 올릴 수 있도록 격려하고 있습니다.

1단계 공책 공책 왕초보

1단계는 검은색 연필이나 펜만 가지고 교과서를 그대로 베끼는 단계입니다. 검사를 받기 위해 급하게 복습공책을 채우다보니 글씨는 날아가고 내용도 책을 그대로 베껴 적게 됩니다. 글씨가 예쁘다고 공책정리를 잘한 건 아니지만 단정하게 글씨를 쓰도록 1단계 학생들은 따로 노력해야 합니다.

글씨를 못 써서 걱정이라면, 글씨를 쓸 때 처음 한 줄을 최대한 예쁘게 쓰자고 마음먹는 게 중요합니다. 처음 한 글자, 한 줄을 정성껏 쓰고 나면 그 다음 줄부터 대충 쓰기가 꺼려지고 끝까지 또박또박 쓰고 싶어집니다.

다음 그림은 와일더 펜필드라는 의사가 뇌를 많이 활용하는 신체 부위인수록 크게 그려서 완성한 인간의 모습입니다. 뇌를 가장 많이 활용하는 곳은 어디일까요? 바로 손입니다.

<u>수업 시간에 정성을 다해 손으로 글씨를 쓰지 않으면, 여러분의 뇌가 '평평이'가 됩니다. 뇌의 주름이 사라져 평평해진다는 건 기억력이 쇠퇴한다는 의미랍니다. 머리가 좋아지고 싶고 공부를 잘하려면 뇌를 '쭈글이'로 만들어야 합니다. 뇌를 쭈글이로 만들고 싶다면 손을 많이 활용하세요.</u>

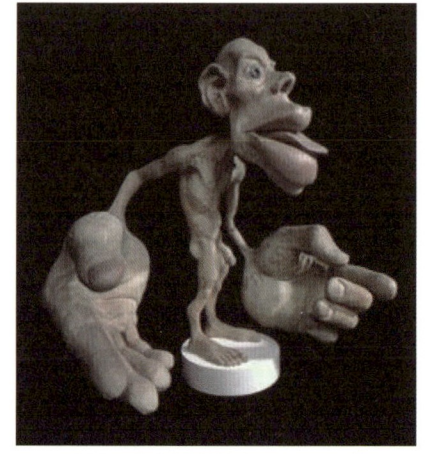

펜필드의 호문쿨루스(Homunculus)

2단계 공책 공책정리 입문 단계

바쁘게 써내려간 1단계 공책과 비교하면, 2단계 공책에서는 드디어 색펜이 사용되기 시작합니다. 이러한 모습은 공책정리가 발전하고 있다는 걸 보여주는 증거입니다.

그런데 나름대로 열심히 색펜을 쓰는 것까지는 좋은데, 여전히 교과서를 그대로 베끼는 수준을 벗어나지 못하는 경우가 많습니다. '색펜을 써야 좋다'는 선생님의 말씀을 실천은 하는데, 내용에 대해 생각하며 정리하는 게 아니라 몇 줄은 파란색 펜으로, 몇 줄은 빨간색 펜으로 단순히 나누어 정리하는 경우가 많습니다.

2단계 공책은 아직 '공책의 구조화'가 이루어지지 않았다는 게 문제입니다. '자기 생각'을 전혀 담지 않았으니 공책정리를 했다기보다는 책의 아무 곳이나 그저 예쁘게 베껴냈을 뿐이라고 해도 지나친 말이 아닙니다.

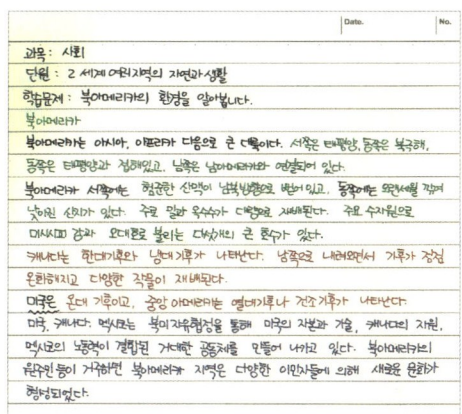

3단계 공책 공책정리 초급 단계

공책정리의 3단계까지 올라서면 공책에서 색펜은 조금 다르게 사용되기 시작합니다. 그저 문장을 색펜으로 쓰는 수준을 넘어서서 스스로 생각해보고 좀 더 중요하다고 생각되는 '핵심단어'나 '핵심문장'에 색펜을 활용하기 시작합니다.

공책에 중요한 별 표시가 달리기도 하고, 오늘 공부한 내용을 '요약'하는 글이나 '새로 알게 된 것', '더 알고 싶은 것' 등이 공책에 나타나기 시작합니다.

이런 공책을 만든 학생들은 오늘 공부한 내용 중에서 스스로 생각하는 시간을 통해 좀 더 중요하고 외워야 할 부분을 따로 정리하는 '구조화된 필기'를 시작한 단계입니다.
이런 학생들은 곧 공책정리 능력이 폭발적으로 성장하게 되어 있습니다.

4단계 공책 공책정리 중급 단계

4단계에 이른 학생들의 공책은 이제 오른쪽 뇌가 좋아하는 것이 무엇인지 알고 공책에 활용하기 시작합니다. 좀 더 내용을 알아보기 쉽게 정리(구조화)하여 오른쪽 뇌가 좋아하는 '표'나 '그래프', '그림' 등을 그리고, 색펜을 잘 활용합니다. 오른쪽 뇌를 활용하여 공부하면 지식이 오래 기억에 남으며, 공책정리하는 걸 억지로가 아니라 스스로 즐겁게 하는 모습도 간혹 보게 됩니다.

색펜으로 강조하고, 그림으로 내용의 이해를 도우며 공책을 정리하면 시간이 지나도 그림과 색펜으로 강조한 핵심단어들이 기억에 남게 되겠지요? 특히 '수학'이나 '과학' 과목의 경우에는 도형이나 실험 방법 등의 장면을 그림으로 간단히 그려 정리하면 훨씬 오랫동안 기억에 남습니다. 왼쪽 뇌에 비해 10배 이상의 기억 용량을 가진 오른쪽 뇌를 왼쪽 뇌와 함께 활용하면, 왼쪽 뇌만 활

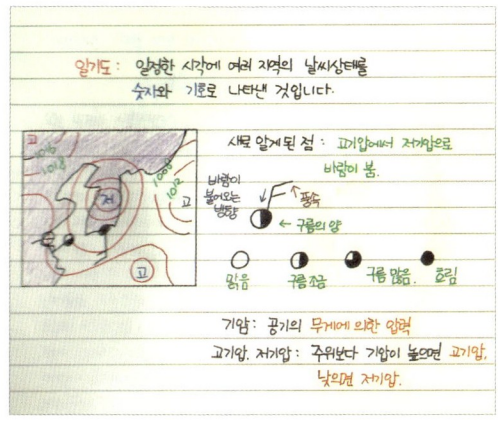
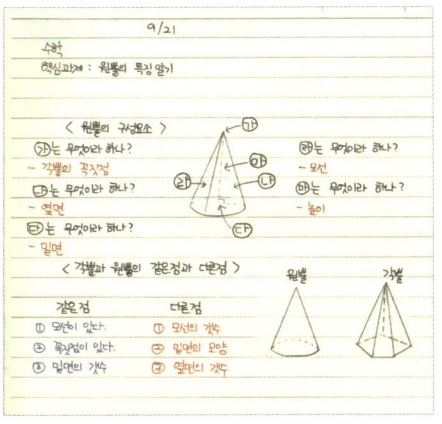

용하던 직선형 공책으로 공부할 때보다 기억 시간이 30배 가량 더 길어진다고 합니다. 4단계에 이르면 이제 여러분은 오른쪽 뇌의 능력을 제대로 활용할 수 있게 됩니다.

5단계 공책 공책정리 고급 단계

공책을 열심히 쓰더라도 다시 반복해 보지 않으면 공책의 효과는 없습니다. 공책필기 5단계에 도착할 정도로 성실히 하는 학생들에게 공통적으로 보이는 특징은 복습을 할 때 도움이 되도록 공책을 작성한다는 점입니다.

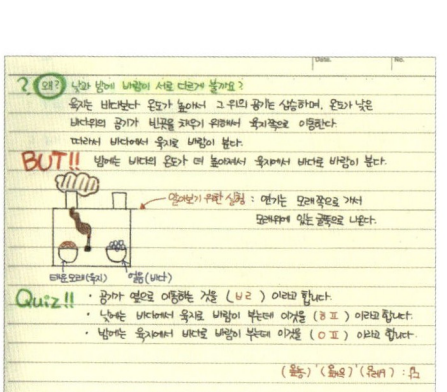

공부를 열심히 하는데도 성적이 오르지 않는 학생들과 상담해보니, 복습 방법에 문제가 있다는 것을 알게 됐습니다. 복습을 어떻게 했냐고 물으면, 대부분의 학생들은 "오늘 수업 시간에 필기한 내용을 다시 읽어봐요."라고 대답합니다. 하지만 공부한 내용을 눈으로 읽기만 하는 걸 '복습'이라고 할 수는 없습니다. 복습을 하고 난 후에는 공책을 보지 않고도 이번 시간에 뭘 배웠는지를 친구들에게 간단히 설명할 수 있어야 합니다. 눈으로 훑어보는 것이 아니라 내가 '아는 것'과

'모르는 것'을 구별할 수 있을 때 진정한 복습이 가능해집니다.

선생님은 가르쳐주지 않아도 스스로 공책을 정리한 후에는 마지막에 가장 중요한 문제 3문제를 만들고, 아래쪽에 거꾸로 정답을 적어놓던 예쁜 제자 수현이를 기억하고 있습니다. 수현이는 주말이면 자기가 만든 문제를 풀어보고, 그때도 기억하고 있으면 그대로 두고, 틀리면 따로 별표를 해두었지요.

옆 공책은 2012년에 가르친 제자 채영이가 어느 날부터 스스로 3단계 주말 복습 때마다 풀겠다고 만들었던 문제들 중 하나입니다. 이렇게 노력하는데 어떻게 공책필기를 통해 성장하지 않을 수 있겠습니까?

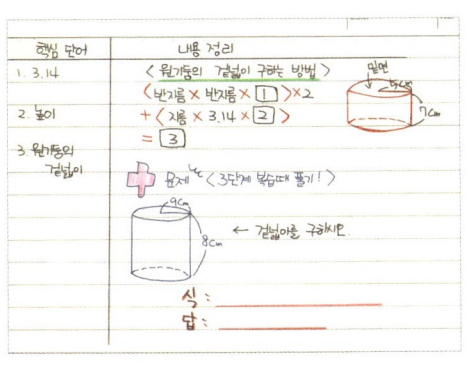

6단계 공책 공책정리 달인

하지만 선생님이 가장 기뻐하는 공책의 단계는 따로 있습니다. 6단계 공책에 이르면 공책만 봐도 누구 공책인지 자기만의 색깔이 분명하게 드러납니다. 공책을 보면 필기를 즐기면서 어떻게 하면 더 공책을 잘 활용할 수 있을지 능동적으로 연구한 흔적이 보입니다. 이 단계에 이르면, 이제 공책정리는 더 이상 의무나 숙제가 아니고 즐거운 일이 됩니다.

1 : 자기만의 색깔이 담긴 필기를 한다

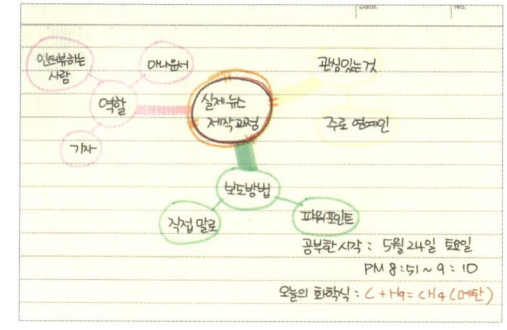

2011년에 지도한 박두빈이란 제자의 공책입니다. 예쁘지는 않지만, 매번 코넬 공책으로 정리한 후에는 마인드맵으로 요약을 했고, 과학자가 꿈인 어린이답게 매번 '오늘의 화학식'이라는 코너를 만들어 화학식을 벌써 45일째 매일 하나씩 외워가고 있었습니다. 매일 영어 단어를 하나씩 적는 어린이도 있었습니다.

2 : 공책 캐릭터를 활용해 대화하듯 공책을 기록한다

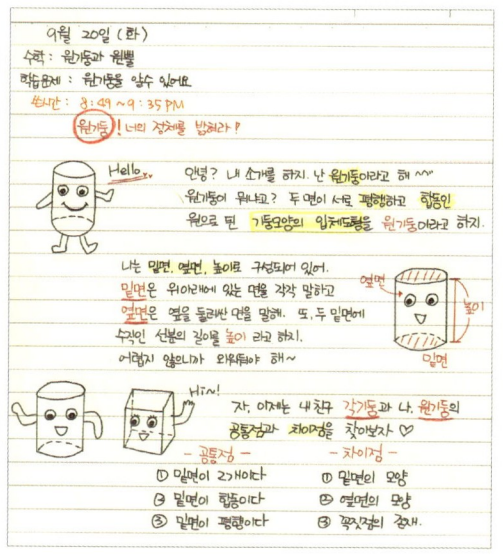

공책필기를 정말 즐기면서 하는 학생들의 특징 중 하나가 작은 낙서 형태의 그림을 그리는 건데, 그림과 대화를 하는 느낌으로 공부한 내용을 정리하는 모습을 보입니다.

이렇게 공책 캐릭터가 등장하면 공책과 대화하는 듯한 즐거운 상상이 되어서 기억이 더욱 오래 지속될 수 있습니다.

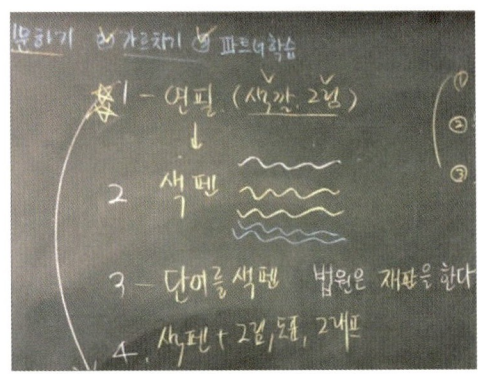

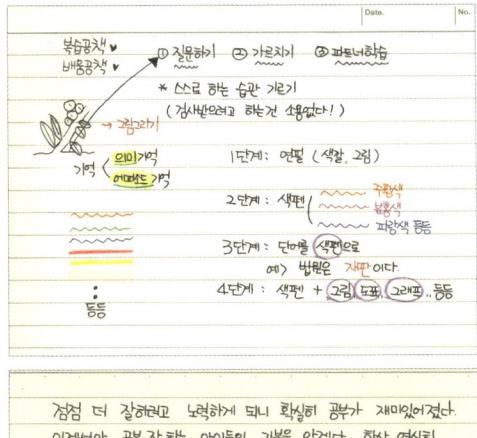

제자 호현이가 쓴 일기 중에서.

3 : 자기만의 공책정리 방법을 찾아 실험한다

5단계를 넘어 '공책정리의 달인'에 이른 아이들은 자기만의 공책정리 방법을 다양하게 실험합니다. 바다라는 6학년 제자는 자신의 블로그에 따로 '공부 특강'이라는 게시판을 만들고, 제가 수업 틈틈이 하는 이야기들을 정리해서 매일매일 올려 놓았더랬습니다.

얼마 전에는 아이들 앞에서 잔소리라면 잔소리일 수 있는 6단계 레벨업 공책필기에 대해 수업을 했습니다. 그런데 아이들 사이를 걷다보니, 고은이가 책상 위에 무언가를 열심히 적고 있었습니다. 적으라고 한 것도 아닌데…. 의미기억이나 일화기억(에피소드 기억) 같은 전문적인 용어부터, 선생님이 칠판에 적으며 설명한 것을 하나하나 이렇게 가슴에 새기고 귀담아 듣고 있는 제자들이 있다는 생각을 하니 뿌듯하고 정말 기분 좋았습니다.

7
3개의 방을 가진 칸칸칸 공책, 코넬노트

   코넬식 공책정리 방법은 1950년, 미국의 코넬 대학교 월트 폴우크 교수님에 의해 만들어진 필기 방법입니다. 그 당시 베스트셀러가 되었던 책《대학교에서 공부하는 방법》을 통해서 많은 사람들에게 알려지기 시작한 코넬 공책은 요즘도 공부를 잘하고 싶은 욕심을 가진 학생들 사이에 알음알음 알려져 가장 많이 활용되고 있는 공책이랍니다.《노트필기 1등급 공부법》책을 쓴 학생들도 가장 큰 도움을 받은 필기 방법으로 코넬 공책을 꼽았습니다.

   '성적을 올리겠다'며 공책정리를 시작하는 친구들이 많지만, 막연히 꼼꼼하게 적어나가기만 하는 공책과 시험 공부에 도움이 되는 공책은 아주 다릅니다. 코넬 공책은 이미 수많은 학생들의 경험을 통해 '성적을 올리는 공책'으로 인정받은 공책입니다.

   '그런 공책도 있었나?' 하며 처음 듣는 친구들도 있겠지만, 의외로 코넬 공책은 우리들 가까이에 있습니다. 문구점에서 산 공책의 왼쪽 모서리로부터 3~4cm 정도 떨어진 곳에 세로로 선이 하나 그어져 있는 것을 볼 수 있을 겁니다. 이것이 바로 코넬 공책 양식입니다.

코넬 공책은 단순하고 쉬우면서도 '핵심단어'를 떠올려 중요한 내용을 쉽게 기억해내는 방법을 활용합니다.

1. 코넬 공책은 이렇게 생겼어요

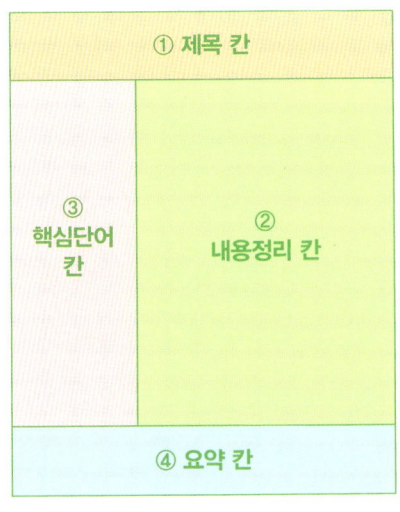

'코넬 공책', 왠지 이름이 어렵죠? 그래서 우리 반 아이들은 '칸칸칸 공책'이라고 부른답니다. 코넬 공책은 몇 개의 칸이 나뉘어 있는데 가장 위쪽에는 제목 칸이 있습니다. 제목 칸에는 '날단학공', 즉 날짜-단원명-학습문제-공부한 시간을 적으면 좋습니다. 코넬 공책은 제목 칸, 내용정리 칸, 핵심단어 칸, 요약 칸 등 총 4부분으로 나눠집니다.

① **제목 칸**은 공부한 날의 날짜와 단원명, 학습문제, 공부한 시간 등을 적으면 좋습니다.

② **내용정리 칸**은 공부한 내용 중에서 중요한 내용을 번호를 달아 정리합니다.

③ **핵심단어 칸**은 내용정리 칸에 정리한 내용 중에서 가장 중요한 핵심단어

를 옮겨 적는 곳입니다. 우연히 어렸을 때 찍은 사진을 본 적이 있나요? 잊고 있었다고 생각했는데, 사진을 보는 순간 그즈음의 모든 기억이 떠오르죠? 사진처럼 기억을 떠올리게 해 주는 것이 공책에서는 바로 '핵심단어'입니다. 지난 시간에 선생님과 공부한 내용을 떠올리려 하면 단어 몇 개만 가물가물 떠오르지 않나요? 그처럼 우리 기억은 공부한 내용을 '단어로' 뇌에 남긴답니다. 그렇다면 핵심 단어를 특별히 익히는 게 학습효과에 도움을 주겠죠.

④ **요약 칸**은 내용정리 칸의 내용을 3~5줄 이내로 요약해서 적는 곳입니다. 특히 시험 공부 시간이 모자라거나 시험 시작 바로 전 빠르게 공부할 때 큰 도움이 됩니다. 요약 칸을 정리할 때 반드시 유의해야 할 게 하나 있습니다. <u>반드시 가장 위의 '제목 칸'에 적어두었던 '학습문제'에 대한 대답이 들어가도록</u> 작성합니다.

2. 이제 실제로 코넬 공책을 작성해볼까요?

자, 그럼 이제 코넬 공책을 어떻게 활용해야 할지 구체적으로 알아볼까요? 우리는 지금 6학년 1학기 사회 시간이 진행되고 있는 교실에 들어와 있다고 생각합시다. 그리고, 교과서에 있는 '환경친화적인 삶'이라는 제목의 글을 가지고 코넬 공책 활용법을 살펴봅시다.

1 : 교과서의 문단을 나누고, 중심 문장에 밑줄을 긋는다.

이미 공부한 대로 교과서의 문단을 나누고, 각 문단에서 가장 중요한 문장에 밑줄을 긋습니다. 그런 후에는 형광펜으로 가장 중요한 단어를 표시합니다.

환경친화적인 삶

환경친화적인 삶이란 자신의 행동이 주변 환경에 미치는 영향을 생각하여 행동하며, 환경을 오염시키지 않고 환경과 어울려 살아가는 것을 말한다.

우리 조상들은 필요한 것을 자연에서 구하는 방법으로 환경친화적인 삶을 실천하였다. 땅을 기름지게 만들기 위해 가축의 분뇨나 짚, 잡초, 낙엽 등을 발효시킨 퇴비를 거름으로 이용하는 것이 그 예이다.

물챙이에도 시냇물이 더러워지는 것을 막기 위한 조상들의 지혜가 담겨 있다. 나뭇가지를 촘촘히 엮은 물챙이를 시냇물에 세워 두면 큰 쓰레기는 걸리고 물은 깨끗한 상태로 흘러가게 된다. 물챙이에 걸린 것은 거름으로 쓰거나 말린 뒤 땔감으로 썼다.

또한 우리 조상들은 황토나 볏짚 등 주변에서 집짓기 재료를 얻었다. 초가집의 흙벽은 햇빛과 공기가 잘 통하였고, 집을 헐었을 때 나오는 흙이나 볏짚은 재활용할 수 있었다.

조상들의 환경친화적인 생활 모습은 오늘날 우리 생활에 많은 영향을 미치고 있다. 음식물 쓰레기를 발효시켜 만든 퇴비를 사용하거나 물챙이의 원리를 적용한 하수구의 오물 거름망, 흙벽의 특성을 살린 친환경 주택 등 자연환경과 더불어 살아가려는 노력은 오늘날까지 계속되고 있다.

2 : 공책의 위쪽 세 칸, 왼쪽 세 칸, 아래쪽 세 칸에 자로 줄을 긋는다.

줄을 그을 때는 반드시 자를 이용해 반듯이 긋도록 해야 합니다.

3 : 위쪽 세 칸의 가로줄 위에 날짜와 단원명, 학습문제, 공부한 시간을 적는다.

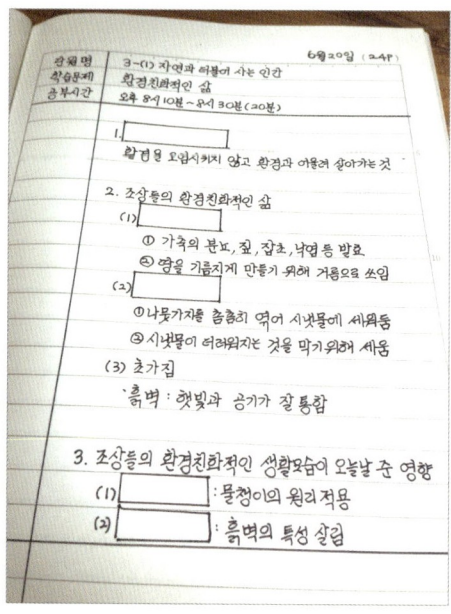

4 : 교과서에 밑줄을 그은 내용을 중심으로 번호를 달아 내용정리 칸에 교과서 내용을 적는다.

교과서 내용을 정리할 때에는 중요한 내용부터 1, 2, 3 차례로 번호를 달고, 그 안에 포함된 내용들은 (1), (2), (3) 순으로 번호를 붙입니다. 그보다 자세한 내용들은 ①, ②, ③ 순으로 번호를 붙입니다.

이때 중요하다고 생각해 형광펜으로 칠한 단어들은 네모 칸으로 표시하여 비워두면 복습할 때에 도움이 됩니다.

5 : 왼쪽의 핵심단어 칸에 가장 중요하다고 생각한 핵심단어를 5~8개 정도 옮겨 적는다.

수업이 끝나기 전에 쓰는 것이 좋습니다. 이때 형광펜으로 색칠했던 중요한 단어들은 따로 왼쪽 칸에 넣으면 됩니다.

6 : 하단의 '요약' 칸에는 오늘 공부한 내용 중 가장 중요한 내용을 요약하거나 공부를 하고 느낀 점을 2~3줄로 정리한다.

이때 내가 겪은 일에 비추어 정리하면 더욱 오래 기억할 수 있습니다. 가장 추천하고 싶은 정리 방법은 왼쪽 핵심단어들이 들어가는 짧은 글짓기를 하는 겁니다.

지금까지 배운 내용을 바탕으로 이 페이지에서 코넬 공책 만들기를 연습해보세요.

3. 사라진 기억을 되살려 주는 핵심단어의 중요성

뇌기반 학습 이론을 주창한 코넬은 특히 '핵심단어'를 중요하게 여겼습니다. 선생님도 공책정리를 싫어하는 아이들에게는 핵심단어라도 정리해 적어두자고 독려했습니다.

수업이 끝나고 한 시간이 지나면, 공부한 내용의 절반 가량이 우리의 기억 속에서 자취를 감춥니다. 그런데 '핵심단어'라도 기억해내게 되면, 이 단어가 나의 뇌 속에 숨어 버린 공부 내용들을 꺼내는 열쇠(인출단서)가 되어 기억을 줄줄이 꺼내게끔 도와줍니다. 마치 앨범 속에서 예전 사진을 보는 순간, 사진을 찍었을 즈음의 추억들이 한꺼번에 되살아나는 것과 같습니다. 코넬 공책에서는 핵심단어 칸이 이러한 역할을 해줍니다.

• 족집게 미니북 만들기로 핵심단어 찾기 •

〈미니북 만들기!〉

① A4용지를 8등분 내게 접은 후, 가운데 두 칸을 가위로 자릅니다.

② 그리고 가운데를 기준으로 꾹 눌러접어주세요!

A4 한 장으로 미니북 만들기를 할 줄 안다면, 시험을 앞두고 족집게 미니북을 만들어보세요. 기억에 큰 도움이 됩니다.

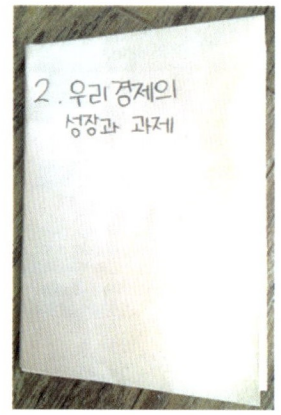 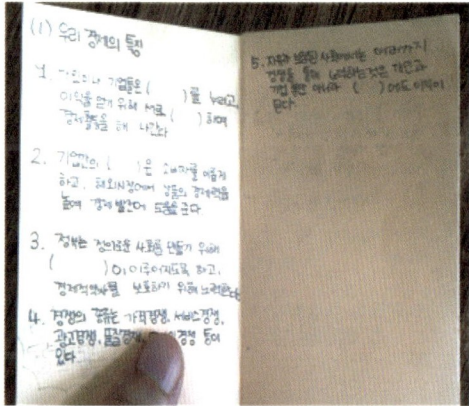

표지에는 단원의 이름을, 대개 2쪽마다 단원에서 배울 주제를 적습니다. 이때 주제가 '우리나라 인구 분포의 지역적 특성'이라면, 반드시 그 대답이 미니북 안에 적혀 있어야 합니다. 이런 중요한 내용들은 보통 단원의 마지막에 잘 정리되어 있으니, 참고해서 작성하세요.

이때 중요한 핵심단어들을 되도록 적지 않고 빈칸으로 두어서 뇌가 생각해볼 수 있도록 만들어야 공부한 내용이 진짜 내 것이 됩니다.

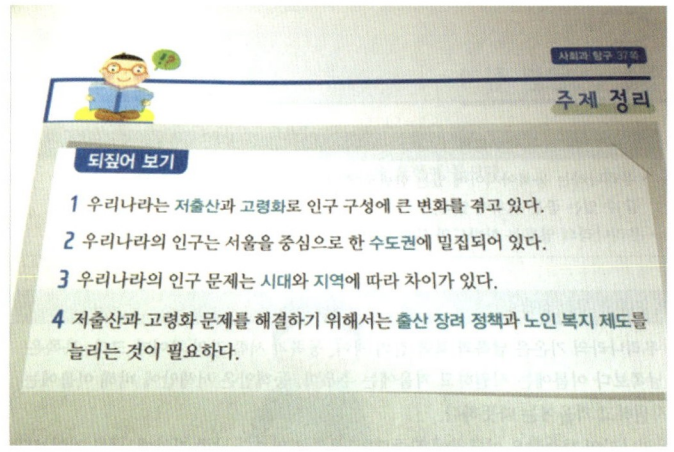

4. 핵심단어를 찾는 5가지 비법

그렇다면 교과서 속에서 '핵심단어'를 찾는 특별한 방법이 있을까요? 여러분이 집중해야 할 열쇠는 다섯 가지나 됩니다!

- 주로 처음에 제시되는 것.
- 반복적으로 제시되는 것.
- 좀 더 친절하고 자세한 추가 설명이 제시되는 것.
- 처음에 나왔다가 마지막에 다시 요약해 제시되는 것.
- 선생님이 '강조한다면, 요약하면, 중요 핵심은, 결론적으로, 특히, 무엇보다도' 등으로 강조하고 있는 것.

수업 중에도 핵심단어가 무엇일지 찾아 나서 보세요. '오늘 수업에서 중요한 내용이 무엇이지?'라는 생각을 끊임없이 이어나갈 수 있습니다. 그렇게 찾은 핵심단어들은 '왜 그런 걸까?'라는 의문을 수업 후에도 이어나갈 수 있도록 도와줍니다.

5. '기축암숙복'으로 코넬 공책 제대로 활용하기

코넬 공책에는 지켜야 할 다섯 가지 원칙5R이 있습니다. 기록Record, 축소

Reduce, 암송Recite, 숙고Reflect, 복습 Review입니다. 흔히 '기축암숙복'이라고 첫 글자만 외워서 실천하도록 노력합시다.

기: 기록(Record)

수업을 듣는 동안 중요한 내용과 아이디어를 가능한 한 많이 '내용정리 칸'에 적는 것을 '기록'이라고 합니다.

축: 축소(Reduce)

'축소'는 가능한 한 빨리 '내용정리 칸'의 내용을 간단하게 만들어 '핵심단어 칸'에 적는 것입니다. '축소'는 주로 수업이 끝나자마자 쉬는 시간에 정리하면 됩니다.

암: 암송(Recite)

'암송'은 '코넬 공책'의 '내용정리 칸'을 가리고 '핵심단어 칸'만 보면서 내용정리 칸의 내용을 계속해 암송하는 것입니다. 암송이 끝나면 가렸던 내용정리 칸을 열어 자신이 암송한 내용이 맞는지 확인합니다. 이 연습을 계속하면 학교의 서술형 평가, 통합형 대학 입학 수능 문제의 풀이에도 큰 도움이 됩니다.

숙: 숙고(Reflect)

'숙고'는 '곰곰이 생각하기'란 뜻으로, 배운 내용을 다시 깊이 생각해보는 과정을 통해 오늘 공부한 내용에 대한 자기만의 생각을 만드는 것입니다. 숙고

과정은 공부한 내용을 잊어버리는 것을 막아줍니다. 수업이 끝나고 '요약' 칸에 내 경험과 비추어 느낀 점 등을 적으면 '숙고'에 큰 도움이 됩니다.

복: 복습(Review)

'복습'은 말 그대로 매주 주말마다 코넬 공책을 10분 가량 다시 공부해보는 것을 말합니다. 복습은 배운 내용 대부분을 다시 기억하게 해주는 데 큰 도움이 됩니다.

이제 여러분이 작성한 코넬 공책이 제대로 작성되었는지 다음 체크리스트에 V 체크를 하며 확인해봅시다.

코넬 공책을 제대로 작성했는지 확인하기

전체	내용정리, 핵심단어, 요약 칸을 나누어 적었는가?	V
전체	복습 활동을 하였는가?	
내용정리	하루의 목표를 세우고 내용을 구체적으로 적었는가?	
내용정리	학습문제(학습목표)를 적었는가?	
핵심단어	핵심단어(키워드)를 적었는가?	
핵심단어	공부하면서 조금이라도 궁금한 점을 적었는가?	
요약	학습문제의 답을 자신의 말로 풀어서 적었는가?	

6. 복습하기 쉬운 코넬 공책 만들기

코넬 공책을 작성했다는 것만으로도 훌륭하지만 주말에 복습을 할 때 필기한 내용을 가만히 들여다보기만 한다면 선생님은 아주 아쉽습니다. 아주 작은 노력으로 더 높은 학습효과를 만들어내는 비법이 있거든요. 이 비법은 내용정리 칸을 가리고 핵심단어만 보면서 내용을 떠올리는 일도 쉽게 하도록 도와줍니다. 그래서 선생님은 우리 반 어린이들에게는 다음과 같은 길라잡이를 복사해 나누어주고 조금 변형된 코넬 공책을 만들어 쓰도록 지도하고 있습니다.

1 : 내용정리 칸에 정리할 때 중요한 핵심단어는 네모 빈칸을 그린다

이때 그려진 빈칸 안에 번호를 1부터 차례대로 써내려갑니다. 처음부터 핵심단어를 생각하고 정리할 수 있기 때문에 쉬는 시간에 핵심단어를 다시 찾아야 하는 번거로움을 피할 수 있습니다.

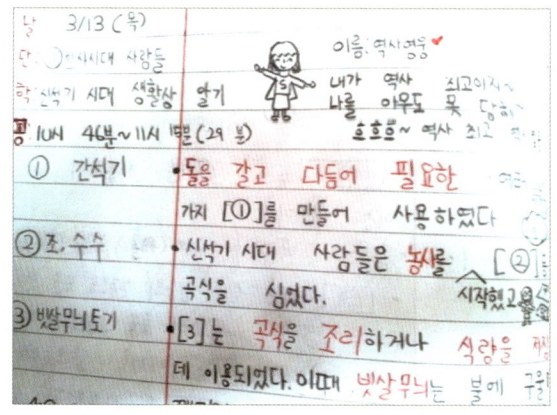

2 : 왼쪽 핵심단어 칸에는 빈칸에 들어갈 단어를 번호와 함께 적는다

위에서부터 차례로 1, 2, 3 순으로 번호와 핵심단어를 함께 적습니다. 번호가 지나치게 많아지면 지레 질려서 공부하는 재미를 잃어버릴 수 있습니다. 퀴즈를 맞히는 기분으로 도전하려면, 5~8개 정도의 핵심단어만 적는 것이 좋습니다.

<u>주말 복습 때에는 작성한 코넬 공책의 '핵심단어 칸'을 가린 후에 오른쪽 내용정리 칸의 빈칸을 보고 정답을 말해 봅니다.</u>

떠올리지 못한 단어가 있다면, 오른쪽 '내용정리' 칸의 그 단어에 별표를 하나 그리거나 형광펜을 칠합니다. 다음에 복습할 때에는 이렇게 별표가 되어 있거나 형광펜이 칠해진 곳만 봐도 내가 중요한 내용을 알고 지나갔는지 확인할 수 있습니다.

<u>그달 말일에 하는 월말 복습 때에는 오른쪽 내용정리 칸을 가리고, 왼쪽의 '핵심단어'만 가지고 떠올리면 됩니다.</u>

코넬 공책정리 방법이 '처음에는 익숙하지 않아 어렵다'는 생각이 들기도 하지만, 익숙해지면 오히려 그 합리성 덕분에 공책정리에 큰 어려움을 겪지 않고, 결과적으로 시험이 다가왔을 때 많은 도움이 됩니다.

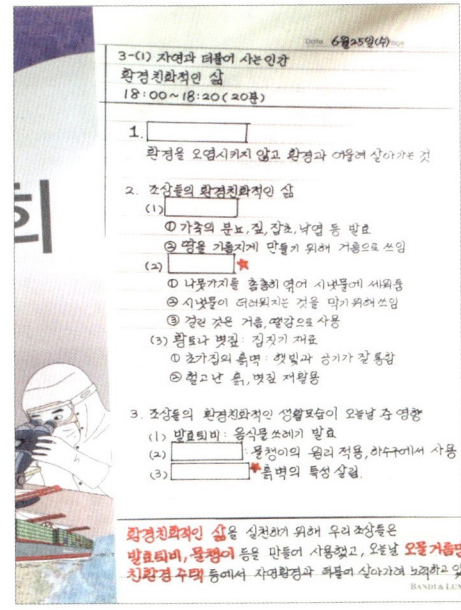

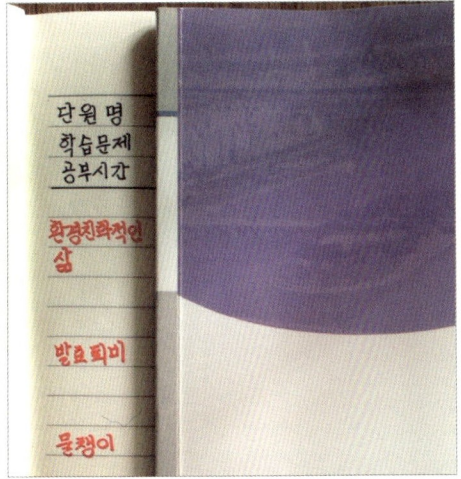

8 오른쪽 뇌를 제대로 활용하는 씽킹맵

씽킹맵은 스스로 재미를 느끼며 다양한 방법으로 공부한 내용을 정리할 수 있는 공책정리 방법입니다.

오른쪽 뇌와 왼쪽 뇌를 함께 사용하는 최고의 공책정리 방법은 '마인드맵'이라고 평가되지만, 실제로 학교 교실에서 마인드맵을 지도해보면 소수의 아이들만 간신히 따라오는 것을 보게 됩니다. 그래서 선생님은 마인드맵을 지도하기 전에 '1단계: 코넬 공책'을 지도해 핵심단어를 찾는 연습을 하고, '2단계: 씽킹맵 공책'을 지도해 간단히 건축물을 세우듯 8가지 형태로 정리하는 방법을 지도하고 있습니다. 그다음에 '3단계: 마인드맵 공책'을 지도하였더니 훨씬 공책을 잘 정리하는 걸 볼 수 있었습니다.

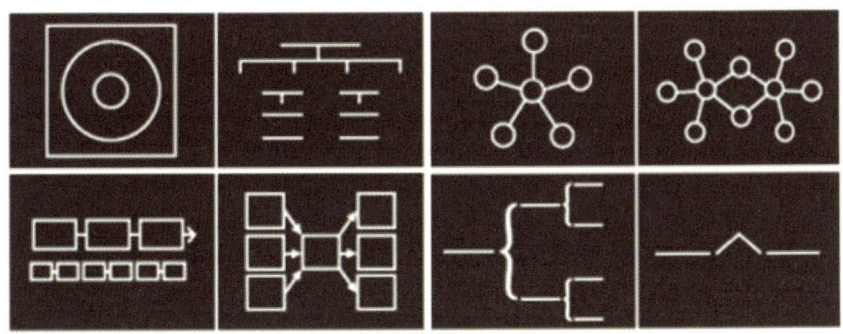

1. 씽킹맵이 뭐죠?

씽킹맵Thinking Maps은 1960년대에 앨버트 업톤 교수님이 학생들의 생각하는 과정에 규칙이 있음을 발견하고 연구하여 처음 만들어졌습니다. 1988년 미국의 데이비드 하이엘 교수님이 업톤 교수님의 아이디어를 수정해 8가지로 정리했습니다.

씽킹맵은 머릿속에 있는 생각을 쉽게 정리하게 도와주며, 그 과정에서 새로운 생각들을 할 수 있게 해줍니다. 씽킹맵을 자주 그리다보면, 머릿속에 생겨난 많은 생각들을 자연스럽게 알맞은 씽킹맵으로 적용하게 되어 합리적이고 논리적인 생각기술을 가지게 됩니다. 구구단을 외우는 걸 많이 힘들어했던 아이가 충분히 연습이 되면 이를 활용해 보다 복잡한 문제도 쉽고 빠르게 풀 수 있게 되는 것과 같은 원리입니다.

씽킹맵으로 공책을 정리하면 공부한 내용을 빠르고 효과적인 방법으로 정리하니 새로 공부하는 내용에 대한 거부감이 줄고 공부가 재미있어집니다. 또한 내용을 기억하기 좋게 구조화해 정리하기 때문에 내용을 쉽게 떠올릴 수 있을 뿐 아니라, 공부한 내용을 다른 사람들에게 더욱 쉽게 소개할 수 있습니다.

2. 씽킹맵을 하나하나 익혀요

1 : 써클맵 – 정의하기

써클 맵Circle Map은 어떤 대상에 대한 정의를 내리기 위한 맵으로, 두 개의 원으로 이루어져 있습니다. 가운데에 있는 작은 원에는 주제에 해당하는 단어를 적습니다. 바깥쪽의 큰 원에는 주제에 대해 자신이 알고 있는 모든 단어들을 적어 넣습니다.

지난 시간에 공부한 것을 복습할 때도 효과적입니다. 사회 시간에 '신석기 시대'에 대해 배웠다면 공부한 내용을 이렇게 '복습공책'에 작성할 수 있습니다.

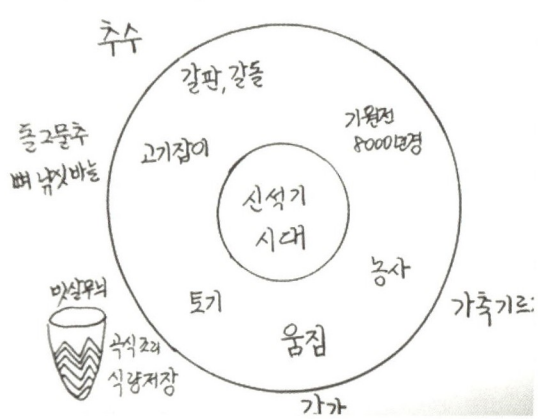

2 : 버블맵 - 묘사하기

버블맵Bubblele Map은 어떠한 대상을 묘사할 때 사용하는 맵입니다. 묘사할 주제를 우선 가운데 원에 적어 넣습니다. 그리고 주제에 대한 말들을 바깥쪽의 원에 적어 넣습니다. 그러면 마치 거미줄 같은 모양으로 맵이 구성됩니다.

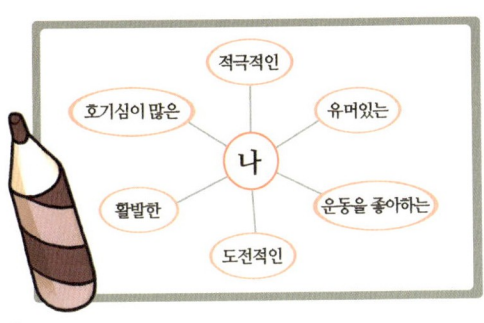

바깥쪽 원을 채워 넣을 때는 가운데에 있는 주제를 꾸미는 말(~한, ~인 등의 형용사)을 적어 나가도 좋고, 주제의 여러 가지 성격을 하나하나 적어 나가도 좋습니다.

독후감을 작성할 때라든가 일기를 쓸 때 활용하면 좋은 씽킹맵입니다. 간단한 형태의 마인드맵을 작성하고자 할 때도 버블맵을 활용하면 좋습니다.

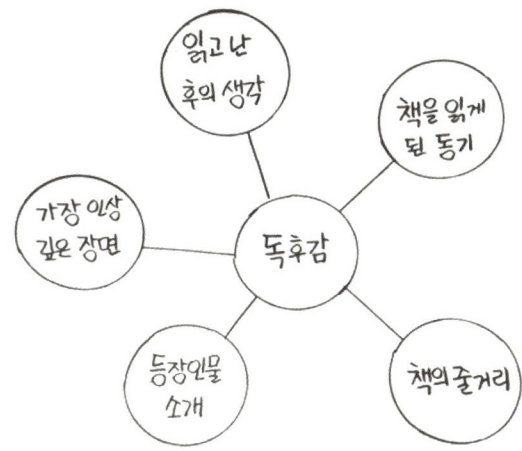

3 : 더블 버블맵 – 비교 대조하기

더블 버블맵Double Bubble Map은 앞서 이야기한 버블맵보다 좀 더 발전된 형태의 버블맵입니다. 두 가지 대상의 공통점을 뽑아 비교하고, 차이점을 들어 대조하는 데 아주 유용한 씽킹맵입니다.

견주고 싶은 두 가지 단어 혹은 주제를 서로 다른 두 개의 원에 적어 넣습니다. 그리고 두 원 모두와 연결된 원 안에는 공통점을 적어 나가고 하나의 원에만 연결된 원에는 차이점을 적어 나갑니다.

4 : 트리 맵 – 분류하기

트리 맵Tree Map은 어떤 대상이나 주제를 일정한 기준으로 구분해 나가는 데 사용하기 좋은 씽킹맵입니다. 전체에 해당하는 단어나 주제를 가장 위쪽에 있는 사각형 안에 적어 넣은 뒤 그것의 부분들을 아래쪽 사각형에 적어 나갑니다. 예를 들어 사람이라는 단어를 위쪽에 적은 뒤 아래쪽에는 성별에 따라 남자와 여자라고 적어 넣을 수 있습니다.

이렇게 적어 나가다보면 마치 나무가 가지를 펼쳐나가는 것과 같은 모양의 씽킹맵이 만들어집니다.

5 : 브레이스 맵 – 전체와 부분의 관계짓기

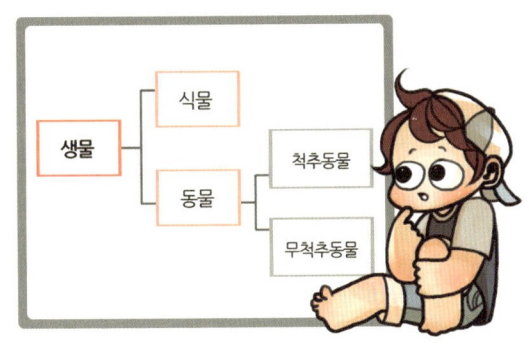

브레이스 맵Brace Map은 전체와 부분의 관계를 이해하는 데 도움이 됩니다. 가장 왼쪽에 가장 큰 항목을 적은 뒤, 중괄호([ ]) 모양의 선을 오른쪽으로 이어나가며 하위 항목들을 적어나갑니다. 중괄호가 영어로 브레이스brace입니다.

6 : 플로우 맵 – 순서짓기

플로우 맵Flow Map은 사건의 과정을 순서대로 정리하는 데 사용됩니다. 직사각형 안에 사건을 쓰는데, 왼쪽에서 시작하여 오른쪽으로 정리하다보면 마치 기차 같은 모양으로 맵이 그려집니다.

7 : 멀티플로우 맵 – 원인과 결과로 분석하기

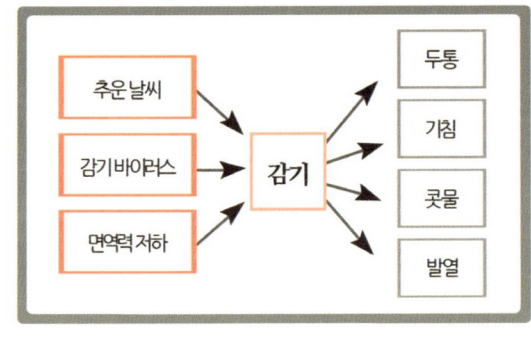

멀티플로우 맵Multi-Flow map은 어떤 사건의 원인과 결과를 정리하기 위한 맵입니다. 중앙에 위치한 직사각형에는 사건을 써 넣고, 왼쪽 직사각형에는 원인을, 오른쪽 직사각형에는 결과를 적습니다.

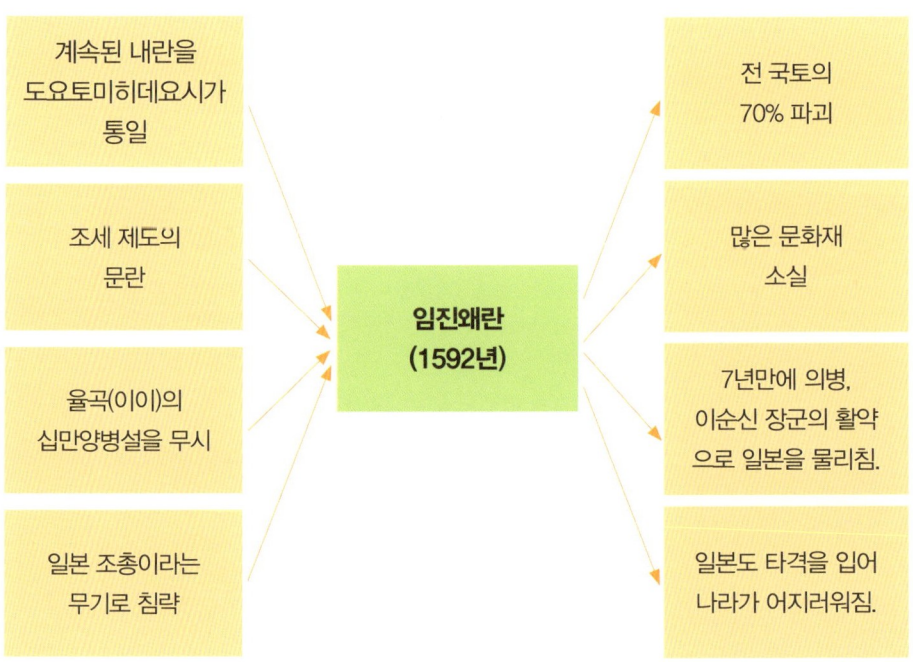

8 : 브릿지 맵 – 유추하기

〈연결 요소〉	대통령	교장	사장	국회의장	병원장
기관장	국가	학교	회사	국회	병원

브릿지 맵Bridge Map은 가로 선을 하나 크게 그은 뒤 위쪽과 아래쪽 단어의 짝을 적어나가는 씽킹맵입니다. 우선 위쪽 단어와 아래쪽 단어를 연결하는 요소를 맵의 왼쪽에 적습니다. 그런 뒤 이 연결 요소를 유지하면서 선의 위쪽과 아래쪽에 한 쌍의 단어 짝을 계속 만들어나갑니다.

예를 들어 '우리 가족'이라는 글감을 가지고 시를 한 편 써야 하는 과제가 있다고 생각해봅시다. 시에 사용할 비유적 표현의 짝을 다음과 같이 브릿지 맵으로 미리 정리해보면 좋습니다.

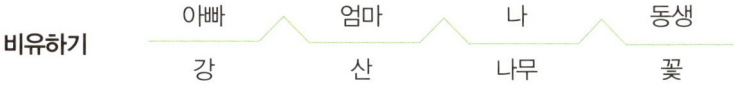

3. 씽킹맵 쉽게 활용하기

처음부터 씽킹맵에 대해 알게 되었다고 바로 활용하기는 쉽지 않습니다. 언제든 내 생각정리의 기술로 활용하기 위한 몇 가지 아이디어를 권합니다.

1 : 책갈피로 만들어 활용하기

8가지 씽킹맵을 평소에도 자주 보며 익숙해지기 위해서 가장 권하고 싶은 방법은 책갈피를 만드는 겁니다. 복습공책을 써야 할 부분에 끼워 두었다가 필요한 때마다 참고해도 좋고, 책상 위에 붙여서 활용하거나 필통 속에 넣어서 갖고 다니면 언제든 활용할 수 있습니다.

2 : 일기나 독후감 쓰기 등 생활 속에서 활용하기

씽킹맵은 생각을 꺼내 효과적으로 정리하는 멋진 도구입니다. 예를 들어 일기를 바로 쓰려면 쓸 것도 없는 것 같고, 쓰다 보면 내용의 체계가 없이 마무리되기 쉽습니다. 이럴 때는 미리 써클맵이나 버블맵으로 간단한 생각의 짜임을 그려본 뒤에 일기를 써 보세요. 독후감을 쓸 때도 무작정 쓰지 말고 미리 씽킹맵으로 구상을 한 뒤에 쓰면 글을 읽는 사람도 감탄할 만큼 좋은 글이 나오게 됩니다.

3 : 스스로 씽킹맵 만들어 보기

무한한 상상력을 꼭 8가지 씽킹맵으로 제한하는 것보다 나만의 씽킹맵을 만들어보는 것도 재미있습니다. 아래 그림처럼 스스로 다양한 모양의 씽킹맵을 만들어봅시다. 만들수록 더 다양한 활용 아이디어를 얻게 될 것입니다.

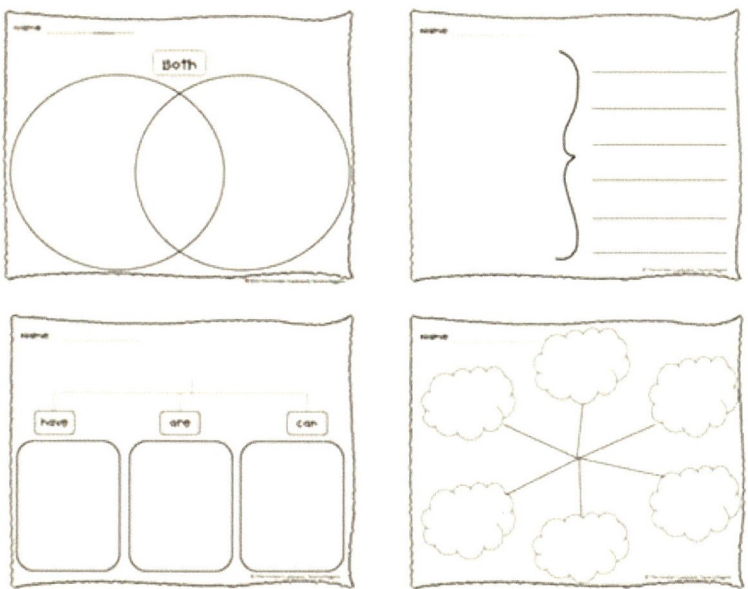

9

두뇌가 원하는 최고의 필기법, 마인드맵

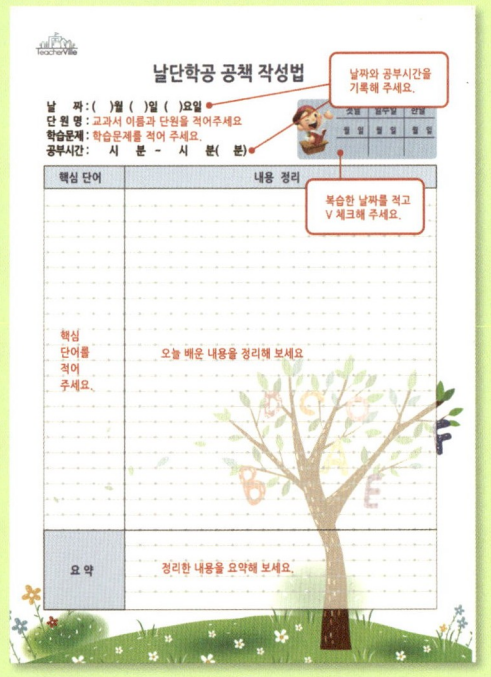

수업 시간에 공부를 한 뒤, 시간이 흐르면 '핵심단어'만 기억에 남게 됩니다. 이 핵심단어를 정확하게 기억하고 있으면, 마치 앨범 속에서 보게 된 사진 한 장으로 추억이 모두 잇달아 떠오르듯 공부한 기억들이 하나로 딸려오게 됩니다. 그래서 핵심단어를 머릿속에 저장된 기억을 꺼내주는 열쇠, 즉 '인출단어'라고도 부르지요.

인출단어를 이용해서 공부를 잘하도록 돕기 위해 선생님은 1학기에는 '코넬 공책 + 씽킹맵 공책'을 작성하고, 2학기에는 '마인드맵 공책'을 작성하도록 지도하고 있습니다. 이제 그 마인드맵을 배울 시간입니다.

1. 마인드맵과 방사사고

마인드맵은 베스트셀러 작가이면서 방송인이기도 한 영국의 토니 부잔Tony Buzan이 1971년에 개발한 학습 방법으로, 읽고 생각하고 기억해야 할 모든 내용을 마음속에 지도를 그리듯이 표현하는 방법입니다. 구체적으로는 핵심단어, 색, 부호, 이미지를 사용하여 방사형('방사'란 중심체로부터 사방으로 뻗어나가거나 중심체 방향으로 움직이는 것을 의미)으로 펼쳐나가면서 왼쪽 뇌와 오른쪽 뇌의 기능을 잘 연결하여 창의력·사고력을 키우는 학습법입니다.

마인드맵은 현재 10억 명이 넘는 사람들이 사용하고 있는 획기적인 공책필기법입니다. 빌 게이츠, 마하티르 모하마드 전 말레이시아 총리, 비센테 폭스 전 멕시코 대통령, 앨 고어 전 미국 부통령 등 세상을 이끌어가는 많은 인물들이 현재 마인드맵을 사용하고 있습니다.

'방사사고'는 두뇌의 어마어마한 잠재력을 보여주며, 뇌세포 간의 시냅스 연결 모습을 그대로 보여줍니다. 이 방사 사고를 그대로 보여주는 필기법이 바로 '마인드맵'입니다. '마인드맵'은 항상 하나의 중심 이미지에서 방사상으로 뻗어나가는 구조를 가집니다.

[마인드맵 실습]
'행복'과 관련하여 머릿속에 떠오르는 단어 10개를 아래 그림의 줄 끝에 하나씩 적어봅시다.

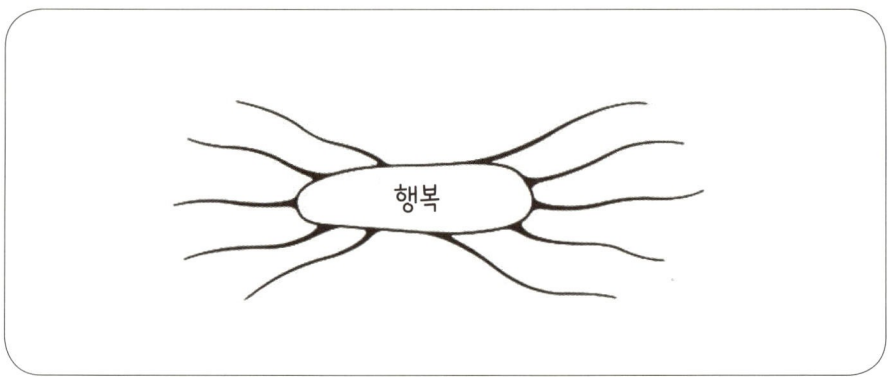

2. 마인드맵 공책의 장점

마인드맵 공책을 가장 좋은 공책으로 꼽는 이유는 복습할 때 왼쪽 뇌뿐만 아니라 오른쪽 뇌도 활용하게 되어 복습하는 시간이 반으로 줄어들고 복습이 아주 쉬워지기 때문입니다. 이는 마인드맵이 공부한 내용을 체계적으로 나누고 정리하는 과정을 통해 더욱 기억이 잘 되도록 도와주기 때문입니다. 그래서 시험 전에 공부한 내용을 마인드맵으로 정리하면, 시험 공부에도 큰 도움이 됩니다.

마인드맵에 익숙해지면 무엇보다도 수업 중에 선생님의 설명을 듣는 동안에, 머릿속에선 자기도 모르게 선생님의 설명이 마인드맵으로 정리되어 버리는 기분 좋은 경험을 하게 됩니다.

3. 마인드맵 작성방법

1 : 종이를 가로로 놓고, 중심 이미지를 그린다

주제 단어의 글자나 이미지를 컬러로 그려 넣습니다. 가로세로 3cm 정도면 좋습니다. 마음대로 그릴수록 기억에 좋습니다.

2 : 주가지를 그린다

주제와 관련된 중요한 주가지를 그립니다. 핵심단어를 중심 이미지와 연결하고 색상을 넣으면서 표현합니다. 가지가 두꺼운 쪽이 중심에 가깝도록 선 모양을 그립니다. 이때 문장이 아닌 핵심단어를 사용해야 창의성이 더욱 올라갈 수 있습니다.

핵심단어를 표현할 때 주의할 점은 여러 단어가 아닌 하나의 단어만 사용하는 것인데, 그 이유는 다른 생각이나 아이디어와 연결시키기가 쉬우며, 기억하는 데도 도움이 되기 때문입니다. 선의 길이는 단어의 길이와 비슷해야 하며, 선의 길이가 길면 생각이 끊길 수 있습니다.

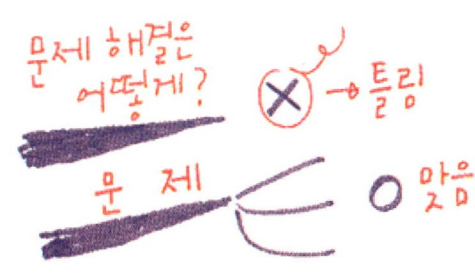

3 : 주가지와 관련 있는 단어나 이미지로 부가지를 만든다

차례를 지킬 필요 없이 생각나는 순으로 주가지보다 얇은 선, 가는 글씨로 부가지를 더 연결해 그립니다.

4 : 부가지의 끝에서 세부가지를 연결한다

주가지와 부가지를 그렸으면 부가지 밑에 세부가지를 그리고 해당하는 이미지나 단어를 가지 위에 표현합니다.

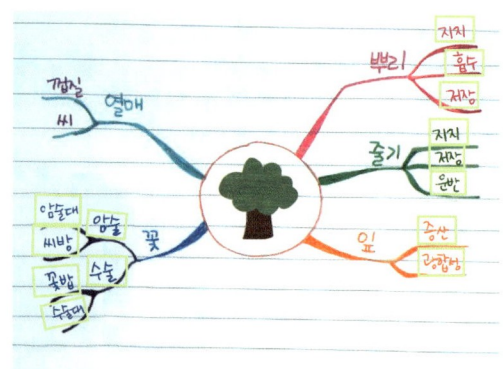

5 : 그려놓은 마인드맵을 보고 가장 중요한 내용을 글로 정리한다

마인드맵은 생각을 시각화시켜주는 도구이지 그 자체가 목적이 아닙니다. 따라서 머릿속에서 이루어진 지식과 생각하는 과정이 자기만의 것이 되려면, 반드시 글로 쓰거나 마인드맵을 보며 말로 정리하는 과정이 필요합니다. 마인드맵으로 만든 내용을 자기 것으로 정리하는 과정을 거치면 이해한 부분과 이해하지 못한 부분을 스스로 점검하고, 스스로 공부하게 된다는 장점이 있습니다.

6 : 그려놓은 마인드맵을 보고 복습한다

자신이 만든 마인드맵을 보며 복습을 합니다. 이때 중심 이미지에 붙은 주가지만 보고 부가지를 떠올리도록 합니다. 되도록 부가지, 세부가지를 가리고 떠올리려 노력하는 것이 좋습니다. 이렇게 보지 않고 떠올리는 '기억'의 과정이 함께했을 때에 마인드맵은 더욱 큰 효과를 발휘합니다.

5차원 전면교육 이론으로 유명한 원동연 박사님은 '100/10 학습원리'를 주장합니다. 이는 배워야 할 것이 100가지 있을 때, 그 100가지를 모두 배우기보다는 다른 90개와 가장 상관관계가 많은 핵심 10가지를 뽑아서 철저히 훈련하게 되면 결국에는 100가지를 모두 내 것으로 만들 수 있다는 원리입니다. 마인드맵 복습을 할 때도 먼저 주가지를 살펴보고, 두 번째 주가지-부가지까지 공부합니다. 그런 후에 세부가지까지 꼼꼼하게 공부하면 됩니다.

4. 마인드맵 효과를 체험해볼까요?

아직도 마인드맵이 얼마나 효과가 있는지 의심스럽다고요? 선생님을 따라 효과를 체험해볼까요? 이 체험 후에는 일기를 쓸 때도, 독후감을 쓸 때도, 여행을 떠나기 전에도 마인드맵이 생활 속에서 큰 효과를 발휘할 거예요.

> 황해 어장은 바닷물의 깊이가 얕고 해안선의 드나듦이 복잡하며, 넓은 갯벌이 펼쳐져 있어서 양식업을 하기에 좋다.
> 남해 어장은 일 년 내내 난류가 흐르고 깊이가 얕아 고기들이 번식하기에 좋으므로 고기의 종류가 많고 어느 철에나 고기가 잘 잡힌다.

위 글이 이번 시험 범위에 속해서 공부해야 하는 내용이라면, 여러분은 어떻게 공부하겠습니까? 억지로 밑줄을 치며 외우겠다구요? 여러 번 반복해 읽고 또 읽으며 억지로 외우면 되겠지요. 하지만 내일도, 일주일 뒤에도 외운 내용을 기억할 수 있을까요? 마인드맵으로는 가능합니다!

1 : 핵심단어인 '어장'을 떠올리는 중심이미지를 그린다

2 : 주가지인 '남해'와 '황해'를 그린다

황해는 '붉은색 분필'로, 남해는 '파란색 분필'로 주가지와 단어를 쓰면 더욱 기억이 잘 되도록 할 수 있습니다.

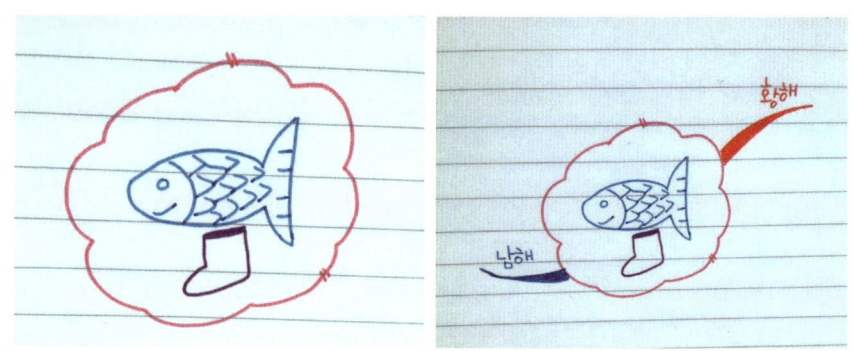

3 : '황해' 주가지에 부가지를 그린다

'바닷물의 깊이가 얕고'는 첫 부가지에 물에 살짝 담근 발 모양으로 그립니다. '해안선의 드나듦이 복잡하며'는 해안선을 그리고 복잡하게 낙서를 합니다. '넓은 갯벌이 펼쳐져 있어서'는 넓은 갯벌을 그리고 점을 찍

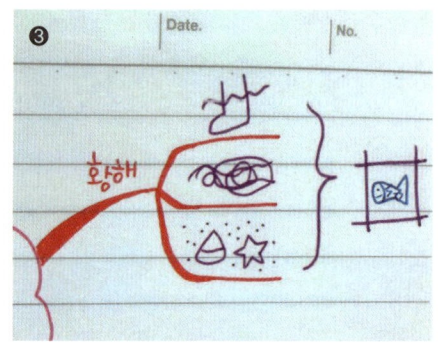

어 모래를 표현하고 불가사리, 조개 등도 살짝 그려놓습니다. '양식업을 하기에 좋다'는 井 그림 안쪽에 물고기를 그려서 '가두리 양식' 하는 모습을 그림으로 정리했습니다.

4 : 남해 주가지에 부가지를 그린다

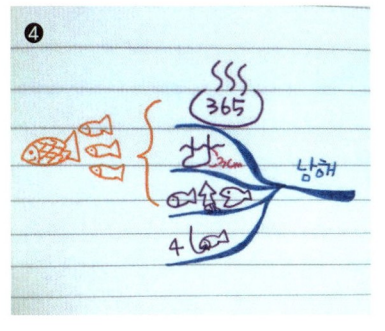

'일 년 내내 난류가 흐르고'는 온천 기호 안에 '365'라고 써서 표현하겠습니다. '깊이가 얕아'는 '황해' 주가지에 표현했듯이 발이 살짝 담겨진 물로 그리거나 물의 높이를 3cm 정도로 표시해도 좋겠습니다. '고기들이 번식하기에 좋으므로'는 물고기 한 마리 뒤에 세 마리의 작은 물고기를 그려 넣어 새끼를 낳은 모습으로 표현하고, '고기의 종류가 많고'는 다양한 물고기, 문어 등을 그려 나타내고, '어느 철에나 고기가 잘 잡힌다'는 4계절을 그리고 낚싯바늘을 문 물고기를 그렸습니다.

이제 완성된 마인드맵만 보고, 원래 문장을 떠올려 말해보세요. 어떤가요? 놀랍지 않나요? 억지로 외우지 않았는데도 기억이 나죠? 더욱 놀라운 일은 내일 펼쳐집니다. 하루가 지나도, 억지로 기억하려 뇌를 괴롭히지 않아도 기억에 남아있다는 사실에 스스로도 신기할 거예요. 그러니 꼭 내일 한번 복습해보세요. 분명 마인드맵을 더욱 좋아하게 될 거예요!

10 실수가 실력이 되는 오답공책 만들기

EBS《다큐프라임-학교란 무엇인가》6부 〈0.1%의 비밀〉 편에는 전국 57만 명의 고등학교 1학년 학생들이 치른 모의고사에서 전국 1등을 차지한 단대부속고등학교 1학년 안현규 학생이 나옵니다. 중학교 1학년 때 수학이 65.75점으로 성적표에 양을 받았던 그가 고등학교 1학년 때 전국 1등! 안현규 학생이 밝힌 공부 비법은 무엇일까요? 궁금하지 않나요?

그것은

바로

'오답공책'이었습니다.

틀린 문제를 표시해두고, 한 번 더 풀어보는 거지요. 맞은 문제는 다시 풀 필요가 없습니다. 통계를 내보니 처음 풀었을 때 맞은 문제를 두 번째 풀었을 때 틀릴 확률은 10% 미만이라고 합니다. 두 가지 중에 한참 고민하다가 찍어서

맞은 문제를 포함해도 그렇다고 합니다.

반면 틀린 문제를 다시 풀었을 때 또 틀릴 확률은 70%나 된다고 합니다. 따라서 다시 풀 때는 '틀린 문제'만 풀어야 합니다.

그런데 다시 풀었는데도 또 틀렸다면 두 번째로 표시를 하고 한 번 더 풀어 봅니다. 그렇게 세 번 틀린 문제들만 풀면 자신의 실수가 실력이 됩니다. 이것이 바로 '오답공책'의 비결입니다.

1. 오답공책에 대한 오해와 진실

'문제를 풀면 반드시 오답공책을 작성해야 한다.'

알고는 있지만, 많은 학생들은 오답공책을 완성한 후 다시 들춰보지 않은 채 방치하다 결국 오답공책 만들기마저 포기합니다. "오답공책 만들기는 시간 낭비야. 그 시간에 문제집을 펴고 한 문제 더 푸는 게 나아."라며 스스로를 위로하기도 합니다. 하지만 그렇게 한번 틀린 문제는 고스란히 약점이 되어 다음 시험에서 또 틀리고 맙니다.

우리는 '실수'라고 자신을 위로하지만 '실수는 실력'입니다. 두 번 틀린 문제는 반드시 다시 틀리게 되어 있습니다. '다음에는 정신을 집중해 절대 실수하지 않을 거야.'라고 결심만 하지 말고 방법을 찾아야 합니다.

먼저 OX퀴즈로 간단히 오답공책에 대한 오해와 진실을 파헤쳐보겠습니다.

1 : 오답공책의 목적은 틀린 문제를 다시 푸는 것이다?

아닙니다. 많은 학생들이 틀린 문제를 쓰고, 해설을 정리하는 방법으로 오답공책을 만듭니다. 이렇게 하면 틀린 문제의 풀이법만 외우고 끝나기 쉽습니다. 틀린 문제를 모으면서 반드시 왜 틀렸는지 고민해야 됩니다.

틀리는 이유는 '개이식실'인 경우가 많습니다.

개념을 잘 몰라서

문제를 잘못 **이**해해서

식을 잘못 세워서

실수해서, 문제를 잘못 읽어서

> 틀리는 이유?
> **개이식실** 이야!

개이식실에서 벗어나려면 자신이 공부하는 단원의 개념이 약한 것인지, 비슷한 실수를 반복하지 않는지, 자주 틀리는 문제 유형이 있는지 등의 근본적인 고민이 필요합니다. 오답공책을 작성하는 목적은 '암기'가 아니라 '실수를 제거'하고 '실력을 향상'시키기 위해서입니다. 그 점을 잊지 말아주세요.

자주 틀리는 문제가 있나요? 틀리는 이유를 분석해보세요. 그리고 나의 약점을 보완해보세요. 이렇게!

개 개념을 다시 공부해요.

이 문제를 꼼꼼히 읽어요.

식 여러 가지 해결방법을 익혀요.

실 꼼꼼하게 검산, 풀고 나서 놀지 말고 다시 훑어봐요.

2 : 문제의 풀이방법은 내가 직접 써야 한다?

맞습니다. 틀린 문제를 옮겨 적고, 문제집에 있는 해설을 베껴 쓴다고 해서 내 공부가 되는 것은 아닙니다. 그건 마치 수학 공부를 손으로 풀지 않고, 눈으로만 보며 고개를 끄덕끄덕 하는 것과 같습니다.

틀린 문제는 나의 약점을 찾을 수 있는 기회입니다. 따라서 틀린 문제와 함께 반드시 교과서를 준비해야 합니다. 틀린 문제가 어느 단원에서 출제됐는지 확인하고, 시간이 걸려도 그 내용을 교과서의 개념을 통해 확인하며 직접 풀이방법을 써봐야 합니다. 이 과정만 반복해도 자신의 약점을 빠르게 극복할 수 있습니다.

3 : 오답공책은 반드시 복습한다?

당연합니다. 오답공책을 만들고 다시 보지 않을 바에야 만들지 않는 편이 낫습니다. 매주 학습계획을 세울 때 오답공책 보는 시간을 별도로 마련하는 것도 한 방법입니다.

오답공책을 풀 때에는 '127전략'이 가장 효과적입니다. 오답공책 작성한 후 1일 뒤, 오답공책 작성한 후 2일 뒤, 오답공책 작성한 후 7일 뒤! 이렇게 세 번만 다시 풀어보면 됩니다.

오답공책은 무엇보다도 시험 전날, 가장 큰 도움이 됩니다. 그동안 몇 번의 복습을 통해 두 번 이상 틀렸던 문제들을 기호로 따로 표시해 두었다면, 시험 전날 마지막으로 꼭 풀어보도록 합시다.

4 : 오답공책 작성은 모두에게 효과가 있다?

오답공책을 만들기 전에 알아두어야 할 것은 자주 틀리는 문제를 파악할 수 있을 정도로 '개념 공부가 충분히 진행된 후에 만들어야 한다'는 사실입니다.

개념 공부가 충분히 이루어지지 않으면 공부하다가 놓친 부분을 당연히 틀리게 되며, 순간적인 판단 실수로 틀리게 될 확률도 높아집니다. 그러니 너무 기초가 떨어지는 학생은 불안해하지 말고, 교과서의 기본 개념을 충분히 쌓을 때까지 참고 기다려야 합니다.

5 : 자주 틀리는 문제는 모두 오답공책에 옮겨 적는다?

시험의 본질은 친구들과 비교해 평가하는 게 아니라, 자신이 부족한 부분을 알아내는 것입니다. 그러니 내 성적을 올려줄 '진짜 알짜배기'는 내가 틀린 문제에 담겨있습니다. 수학을 정말 잘하고 싶다면, 틀린 문제 중에서도 어떤 문제가 '내 실력을 올려줄 수 있는지' 주의 깊게 살펴봐야 합니다.

① 자신있게 풀었는데 틀린 문제

내가 문제를 잘못 이해하고 있거나 생각하지 못한 원리가 숨어있는 경우일 수 있습니다.

② 시험을 볼 때마다 헷갈리는 문제

항상 약점이 되어 발목을 잡는 문제가 있습니다. 그러니 정답을 맞힌 문제라 하더라도 정말 제대로 알고 있는 문제인지 스스로에게 물어봐야 합니다.

많은 학생들이 '맞힌 것'과 '아는 것'을 종종 착각합니다. 만약 모르는 문제인데도 찍어서 운 좋게 맞혔다면, 그 문제를 오답공책에 정리해야 합니다. 또한 실수로 답을 잘못 적은 문제였는데 운 좋게 정답이었다 하더라도, 확실히 아는 문제가 아니므로 이 역시 오답공책의 정리 대상이 되어야 합니다.

내가 문제의 출제의도를 알고 풀었는지.
문제를 풀 때 필요한 개념이 무엇인지 정확하게 알고 있었는지.
출제자의 의도에 맞게 풀이과정을 거쳤는지.

위 세 가지 측면을 생각해 보고 하나라도 충족시키지 못했다면 과감히 틀린 문제로 봐야 합니다. 너무 어려워 자신감을 잃게 하는 문제는 일단 보류하세요. 너무 어려운 문제는 자신의 실력을 쌓은 후에 도전하는 것이 좋습니다.

2. 오답공책 작성의 비법

오답공책을 작성하도록 지도할 때에는 몇 가지 원칙을 지킬 필요가 있습니다.

1 : 자주 틀리는 문제는 5개 이내로 옮긴다

여러분이 아직 수학에 자신이 없거나 잘해보자고 마음먹었는데 너무 많이 틀려서 의기소침한 상태라면, '다시 풀면 풀 수 있는 문제 5개'만 골라서 오답공책에 옮겨봅시다.

시작은 부담이 없어야 합니다. 부담이 없어야 조금씩 수학 공부에 대한 자신감이 자랄 수 있습니다.

2 : 문제와 답이 함께 보이게 작성하지 않는다

오답공책에 틀린 문제를 옮겨 적을 때 가장 중요한 점은 '문제와 함께 답이 보이지 않게 해야' 한다는 사실입니다. 수학을 눈으로 푸는 것만큼 미련한 행동은 없습니다. 그런 사람은 고개를 끄덕끄덕하며 아는 척을 해도, 실제로 문제를 풀어 보라고 하면 못 푸는 경우가 태반입니다.

오답공책은 공책을 반으로 접어 왼쪽 절반에는 틀린 문제를 옮기고, 오른쪽 절반에는 풀이과정과 정답을 적습니다. 가능한 자신의 방법으로 풀이방법을 쓰고, 기타 자료에서 찾은 설명도 옮겨 적습니다.

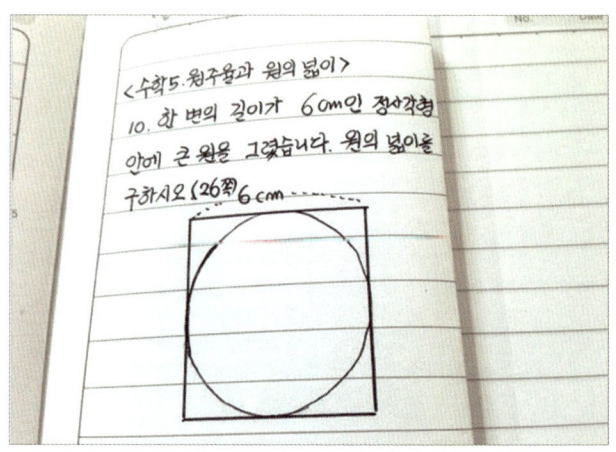

다시 문제를 풀 때에는 오답공책을 반으로 접어 풀이과정은 보지 않고, 무제 공책에 풀어보게 합니다. 또 다른 방법은 공책 한 면에는 문제만 옮겨 적고, 다음 뒷면에는 문제의 정답과 해설, 문제를 틀린 이유 등을 적도록 하는 것입니다. 이렇게 하면 저절로 곁눈질이 가던 해설이 없기 때문에 문제에 집중하고 스스로 생각하여 풀게 됩니다.

3 : 반드시 문제 아래에 틀린 이유를 적는다

틀린 문제에는 반드시 틀린 이유가 있습니다. 문제를 이해하지 못했거나(독해), 잘 모르는 문제거나(개념), 계산을 실수(연산)했을지도 모릅니다.

이유를 적으면 약점이 사라집니다. 문제 번호 아래에 '틀린 이유: 계산할 때 실수해서'라고 직접 적어도 됩니다. 이 습관만 붙여도 오답공책은 검사받기 위해 억지로 하는 공책이 아니라 자신에게 도움이 되는 공책이 될 것입니다. 오답공책을 만들 때 대부분 '오답'이라는 말에만 집중해 오답만 적는데 '약점'도 반드시 적어야 합니다. 그래야 오답공책이 내게 도움이 됩니다.

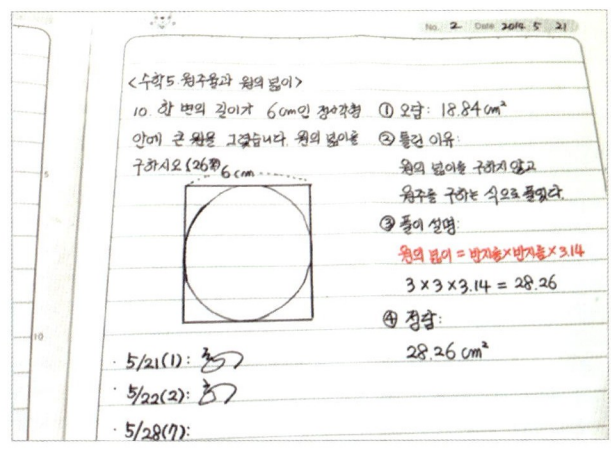

4 : 작성한 오답공책은 적어도 3번 이상 다시 풀어본다

작성한 오답공책을 그대로 모셔두어서는 절대 성적은 오를 수 없습니다. 오답공책의 핵심은 '반복학습으로 나의 약점을 개선한다'이지 '틀린 문제만 따로 정리한다'가 아닙니다. 그래서 오답공책은 적어도 세 번 이상 복습을 해야 합니다.

선생님 제자 중에는 매주 한 번은 다시 보겠다는 각오로 날짜를 정하고 바를 정 자로 正 횟수를 하나씩 채워나가는 학생도 있었습니다. 만들어 놓고 펼쳐 보지 않는다면, 그건 오답공책이 아닙니다.

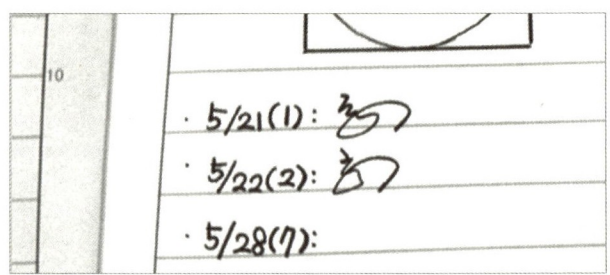

틀린 문제 옆에는 다시 풀 때마다 V 체크를 합니다. 맞았으면 V에 겹쳐 대각선으로 사선(\)을 긋도록 약속합니다. V 체크가 많을수록 내 약점문제라는 것을 알 수 있고, V에 사선을 그으며 스스로 풀어냈음을 확인하면 더욱 자신감을 얻을 수 있습니다.

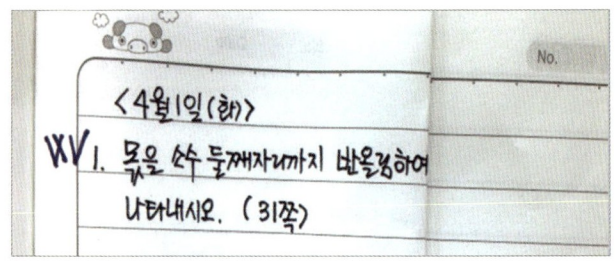

오답공책 작성 후 복습 습관을 붙이는 방법 중에 '4분할 공책법'이 있습니다. 111복습 원칙을 적용하여 같은 문제를 4번에 걸쳐 복습하여 자기 것으로 만드는 방법으로, 반복하여 틀리는 문제가 있다면 꼭 활용해보길 권합니다.

(1) 모르는 문제, 틀린 문제를 정확하게 풀어본 후에 이 칸에 즉시 문제와 답을 옮겨 적고 다시 한번 풀어본다.

(2) (1)번 칸에서 풀었던 문제를 그 다음날, 다시 한번 풀어본다. 이왕이면 문제를 반복해 적는 것이 문제유형도 익힐 수 있어서 좋다.

(3) (2)번에서 풀었던 문제를 일주일 후에 다시 한번 풀어본다.

(4) (3)번에서 문제를 푼 후, 한 달 후에 마지막으로 문제를 풀어본다.

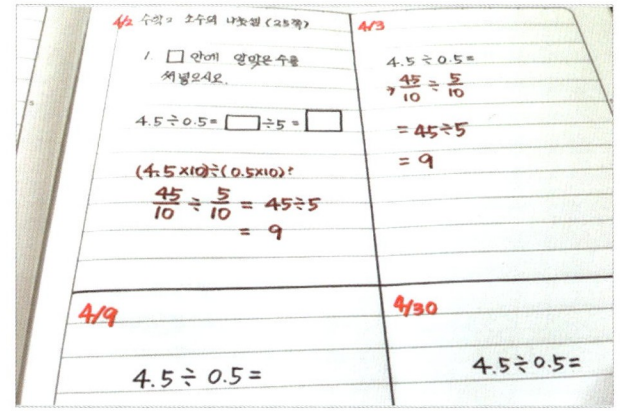

5 : 오답공책은 시험 본 날에 작성한다

단원평가 시험을 볼 때 모르는 문제가 나오면, 온갖 가지 생각이 떠오릅니다. 그런 상황에서 특히 답이 3번인지 4번인지 헷갈리는 문제들은 정말이지 사람의 피를 말립니다. 시험이 끝나자마자 그 답답함을 참지 못하고 얼른 책상 속 책을 찾아 답을 확인해본 경험들이 여러분도 있을 것입니다.

답이 맞았을 때의 쾌감, 틀렸을 때의 아쉬움, 여기서부터 오답공책은 시작됩니다. 내가 무엇 때문에 헷갈렸고 무엇 때문에 틀렸는지에 대한 잔상이 남아있을 때, 최대한 빨리 오답공책을 작성해야 나의 약점을 정확하게 정리할 수 있습니다.

그러려면 당장 다시 마주하고 싶진 않더라도 시험지를 펴고 내가 틀린 문제의 오답공책을 정리할 수 있어야 합니다. 대표적인 교육 강국인 핀란드의 도서관은 시험 본 날 가장 크게 붐빈다는 말이 있다는 것도 그런 습관의 유용함을 알려주고 있습니다.

6 : 교과서의 단원 순으로 정리한다

지금까지 자신이 정리해 놓은 오답공책은 문제가 어떤 기준으로 정렬돼 있는지 확인해봅시다. 문제집과 같은 순서이거나 문제를 푼 날짜순으로 정렬되어 있다면 그 오답공책은 잘못된 것으로 볼 수 있습니다. 이러한 순으로 오답공책을 정리하게 되면 실제 공부하는 순서와 맞지 않게 되기 때문입니다.

공부는 주로 학교 수업 등에 맞춰 교과서 단원별로 이뤄지므로 오답공책 역시 단원별로 분류해 적어주어야 합니다. 나중에 1단원을 다시 공부하면서 오답공책에서 해당 내용을 찾기 위해 오답공책을 뒤적이는 번거로움을 줄이려면 교과서 단원과 오답공책 정리 순서를 맞추는 게 좋습니다.

7 : 스프링 노트보다 바인더 노트가 필요한 부분을 찾기에 편리하다

보통 상위권 학생의 경우 한 문제집에서 틀리는 문제가 10% 정도 됩니다. 아직 그 정도는 아니라면 20~40% 이상 틀리기 마련입니다. 틀리는 문제가 적은 학생들은 줄공책이나 스프링 노트에 오답을 정리해도 괜찮지만, 틀리는 문제가 많으면 주제별로 표시가 가능한 바인더 노트를 추천합니다. 견출지로 단원 이름을 적어 표시해두면 쉽게 찾아볼 수 있어 더욱 편리합니다.

4. 오답공책 작성의 실제

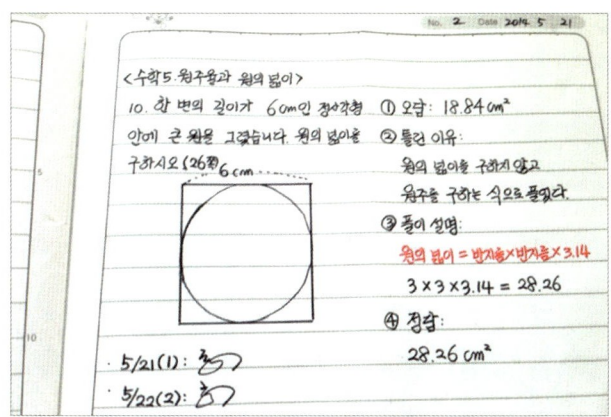

계산 문제나 학습 문제를 풀 때에 공책에 문제의 번호를 적는 것을 종종 잊어버리기 쉽습니다. 하지만 계산 문제에 번호를 하나 매기는 것만으로도 공책은 구조화되어 한눈에 알아볼 수 있게 됩니다. 번호를 매기다 보면 알아보기 쉽게 써야겠다는 생각이 저절로 들어서 한 칸을 띄우거나 여백을 한 줄 두어 구조적으로 쓸 수 있게 됩니다.

오답공책을 작성할 때 답이 틀렸을 경우, 그 원인에 따라 각각 문제번호 옆에 다른 기호를 표기해보세요. 선생님 같은 경우는 실수로 틀린 경우에는 ★, 식을 잘못 세운 경우에는 ◎, 잘 이해가 가지 않는 문제는 ? 등으로 표시하고 있습니다. 색으로 구분하면 더욱 알아보기 쉽습니다.

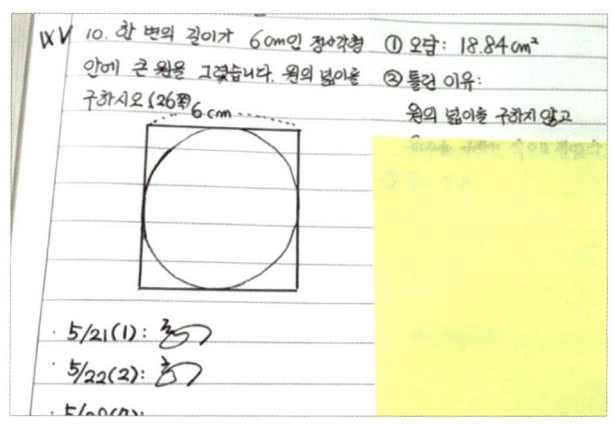

　틀린 까닭에 대해서는 수학 교과서에 간단히 메모해둡니다. 자주 틀리는 개념이 있다면, 그때마다 자신의 공부가 부족한 것은 아닌지 돌아보고 교과서에 적어놓습니다.

　수학 교과서의 한 쪽에서 틀린 문제가 많이 나온다거나 중요도가 높다고 생각된다면 포스트잇을 활용하여 보충 설명을 달거나 색인표를 붙여서 항상 찾아볼 수 있도록 합니다. 같은 쪽에 문제와 풀이가 기록되어 있는 경우에는 풀이를 포스트잇으로 가려두면 효과적으로 공부할 수 있는 준비가 됩니다.

11

'333 공부습관'과 반드시 이루는 목표 만들기

영국 하트퍼드셔 대학교 심리학과의 리처드 와이즈먼 교수님은 5,000명의 사람들이 새해 계획을 세우고 어떻게 이루는가를 조사했습니다. 그 결과 90%는 실패하고 단 10%, 약 500명 정도의 사람들만 새해 계획을 이루었다는 것을 알게 되었습니다.

이어서 리처드 와이즈먼 교수님은 새해 계획을 이루는 사람들의 공통적인 특징을 연구해보았습니다. 그 결과, '다이어트를 하겠다' 같은 커다란 목표를 세운 사람들은 목표를 이루지 못하고, '엘리베이터 대신 계단으로 걷겠다', '일주일에 두 번 헬스장에 가겠다'처럼 매일 또는 매주 확인할 수 있는 목표를 세운 사람들이 목표를 이룬다는 것을 발견했습니다. 와이즈먼 교수님은 여기에 하나 더, 새해 목표를 세울 때 여러 목표를 세우는 대신에 '한 가지 목표만 세우고 집중해야 목표를 이룰 수 있다'고 했습니다.

1. '333 공부습관'으로 '공부하는 몸' 만들기

초등학교 때는 곧잘 공부를 잘하던 아이들이 중학교에 올라가면 성적이 뚝 떨어지는 경우가 많습니다. 부모님은 잔소리를 늘어놓게 되고, 많은 아이들은 더욱 공부가 싫어지는 악순환이 반복됩니다.

사실 초등학교 공부에 큰 영향을 끼치는 것은 암기력과 이해력이며, 과목이 늘어나며 공부할 양이 늘어나는 중학교 때는 '공부습관'이 가장 큰 영향을 주게 됩니다. 그래서 초등학교 때는 지능지수IQ가 높고 암기력, 이해력이 좋아서 성적이 상위권이었어도 공부 습관이 잘못 만들어지면 중학교 때부터는 성적이 떨어지게 됩니다.

제대로 된 공부습관을 만들려면, 습관이 어떻게 만들어지는지 알아야 합니다. 습관이란 뇌가 무의식 중에 반복하는 행동 패턴입니다. 늘 하던 행동에 변화가 생기면 우리 머릿속에서 불편함을 느끼고 반발합니다. 무언가를 결심하고 새로운 습관이 되기 위해선 우리 뇌가 반발하지 않도록 해야 합니다.

1 : 3일, 노력하지 않아도 도파민이 나오는 시간

뇌에서 나오는 신경전달물질 중 호기심을 유발하는 도파민은 3일, 72시간 동안 유효하다고 합니다. 그래서 '작심 3일'이라는 말도 있습니다. 이는 3일 동안은 노력하지 않아도 도파민이 나와 계획한 행동을 할 수 있다는 의미이기도 합니다.

하기 싫은 일도 참고 할 수 있는 도파민의 3일.

반복되는 행동에 대한 거부감이 줄어드는 중장기 기억의 3주.

반복되는 행동이 자연스럽게 습관으로 자리 잡는 잠재의식의 3개월.

이렇게 333 단계에 따라 계획을 짜고 실천을 하다 보면 자연스럽게 공부습관을 가지게 될 것입니다.

2 : 3주, '21일의 습관' 만들기

습관은 '몸 안에 시계를 들여놓는 일'입니다. 매일 반복적인 행동으로 몸시계를 만들어가는 과정이라고 할 수 있는 것입니다.

'21일 법칙'은 1970년대 중반 미국 캘리포니아 대학의 언어학과 존 그라인더 교수님과 심리학을 전공한 리차드 밴들러 교수님이 창시한 'NLP이론'에 이론적 바탕을 두고 있습니다. 처음에 안 하던 행동을 하게 되면 뇌는 스트레스를 받습니다. 그러나 1주일이 지나면 스트레스가 줄어듭니다. 그리고 3주, 즉 21일 정도가 지나면 뇌 속의 뇌간이 이 행동을 기억하게 되면서 생체리듬이 생기기 시작한다고 합니다.

누구나 새로운 행동을 시작한 뒤 한동안은 낯선 행동에 대한 불편함을 느낄 수밖에 없는 이유가 여기에 있습니다. 우리의 뇌가 특정한 행동에 대한 '낯섦'과 '거부감'을 잊으려면 '21일'이란 기간이 필요하기 때문입니다. 달리 말하자면 일찍 일어나는 습관을 가지고 싶거나 TV 시청 시간을 줄이고 싶거나 체중을 줄이고 싶다면, 의식하며 21일 동안 반복하면 새로운 습관으로 만들 수 있다는 의미이기도 합니다.

많은 학생들이 공부습관을 만들려고 큰 각오를 하지만 성공하지 못하는 이유는, 행동 자체가 어려운 게 아니라 그 행동을 습관으로 만드는 과정에서 실패하기 때문입니다. 항공기로 유명한 보잉 747은 이륙할 때 짧은 순간에 지상을 박차고 올라가야 하기 때문에 엔진을 최대출력으로 가동합니다. 하지만 상승을 마친 후 일단 순항고도에 오르면 평소의 70~80%의 출력으로만 비행을 한다고 합니다. 공부도 마찬가지입니다. 초기에 좋은 공부 습관만 들이면, 다음에는 부담없이 스스로 공부하게 됩니다.

21일 공부습관 달력! (3)월

습관 목표 : 수업 시작 1분 전에 교과서 펴 놓기

일요일	월요일	화요일	수요일	목요일	금요일	토요일
				3 D-21	4 D-20	5 D-19
6 D-18	7 D-17	8 D-16	9 D-15	10 D-14	11 D-13	12 D-12
13 D-11	14 D-10	15 D-9	16 D-8	17 D-7	18 D-6	19 D-5
20 D-4	21 D-3	22 D-2	23 D-1	24	25	26
27	28	29	30	31	4/1	4/2

결심을 했다면 탁상 달력에 '21일 공부습관'을 적어 습관이 만들어지는 21일간 도전해봅시다. 공부습관을 21일에 하나씩만 만들어도 1년 후면 '좋은 습

관 17개'를 가질 수 있습니다! 습관 달력을 만들면 목표로 했던 기간에서 얼마나 진행되었는지 눈으로 바로 확인할 수 있어서 좋습니다. 또한 매일 실천한 상황을 손으로 표시하면서 점검하게 해주어 하루를 돌아보는 계기가 됩니다.

3 : 3개월, '66일'의 공부습관 만들기

한 사람의 습관이 만들어지는 데는 3주 21일, 21일간 한 가지 일을 지속하게 된다면 이제 습관이 막 정착되는 초기 단계에 도착한 것입니다! 주의할 점은 이것이 습관의 초기 단계일 뿐이라는 사실입니다.

밥을 먹고 나면 이를 닦는 것처럼 전혀 의식하지 않아도 완전히 습관이 만들어지는 데는 과연 얼마 정도의 시간이 걸릴까요? 우리의 뇌가 익숙하게 인지한다 할지라도 우리의 '몸'이 한 가지 습관을 완전히 흡수할 때까지는 3배의 시간이 더 필요합니다.

영국 런던 대학교의 제인 워들 교수님은 일반인을 대상으로 같은 행동을 얼마나 반복해야 자동적으로 반사행동을 하게 되는지 실험을 하였습니다. 참가자들은 점심시간에 과일 한 조각 먹기, 혹은 물 한 병 마시기, 저녁 식사 전에 15분 달리기 등 건강에 도움이 되는 습관 중 하나를 선택해 매일 반복 실천하였습니다.

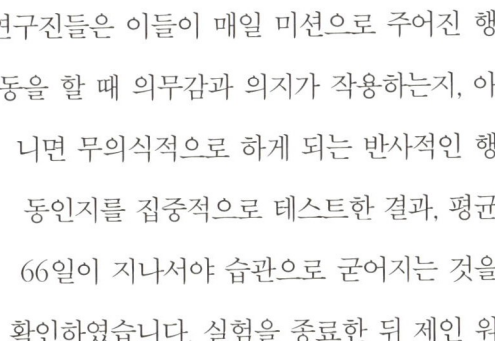

연구진들은 이들이 매일 미션으로 주어진 행동을 할 때 의무감과 의지가 작용하는지, 아니면 무의식적으로 하게 되는 반사적인 행동인지를 집중적으로 테스트한 결과, 평균 66일이 지나서야 습관으로 굳어지는 것을 확인하였습니다. 실험을 종료한 뒤 제인 워

들 교수님은 '개인차가 있기는 하지만, 평균적으로 <mark>66일 동안 매일 같은 행동을 반복하면 그 뒤에는 동일 상황이 주어지면 자동적인 반응으로 행동하게 된다</mark>'고 결론을 내렸습니다.

영국 런던 대학교의 필리파 랠리 교수님도 사람들이 습관을 들이는 데 평균 66일이 걸린다고 했습니다. 66일이라면, 적어도 세 달 동안은 습관이 될 수 있도록 매일 노력해야 한다는 것을 알 수 있습니다. 지속적으로 집요하게 매일 확인해야 합니다. 그렇게 해서 습관이 바뀌면 행동이 바뀌고, 행동이 바뀌면 성격이 바뀝니다. 성격이 바뀌면 인격이 바뀌고, 인격이 바뀌면 여러분의 운명이 바뀌는 것입니다.

> 생각이 바뀌면 습관이 바뀌고
>
> 습관이 바뀌면 행동이 바뀌고
>
> 행동이 바뀌면 성격이 바뀌고
>
> 성격이 바뀌면 인격이 바뀌고
>
> 인격이 바뀌면 운명이 바뀐다.
>
> - 윌리엄 제임스(심리학자)

2. 목표, 스마트하게 세워 관리하기

새 학기, 제자들과 만난 첫 날, 허쌤이 가장 먼저 하는 일은 타임캡슐 학습지를 통해 '올해 난 이것을 지킬 것이다'라는 목표를 세우는 일입니다.

미국의 작가 엘버트 허바드는 《건강과 부》(1908)라는 책에서 이렇게 말하였습니다.

"세상에서 정말 가치 있는 것을 얻게 해주고, 사람의 상상력으로는 더 보태거나 더 낫게 할 수 없는 세 가지 습관이 있다. 그것은 공부하는 습관, 건강을 관리하는 습관, 취미(일)를 즐기는 습관이다."

선생님은 어린이들이 매일 공부하는 습관, 건강을 관리하는 습관, 그리고 평생의 삶에 여유를 주는 취미를 즐기는 습관을 가지게 되길 바라기에 가능하다면, 공부와 건강, 취미의 세 가지 목표를 따로 적어보자고 부탁했습니다.

벅찬 목표를 세운 아이들은 월별, 학기말 등 중간에라도 피드백을 통해 수정하여 새로 세울 수 있도록 했습니다. 그러나 그 과정이 쉬운 것만은 아니었습니다. 여름방학 하는 날, 선생님은 다음과 같은 일기를 쓰게 되었어요.

2021년 7월 21일(수) 1교시: 통지표 배부 및 방학 과제 안내
여름방학을 맞아 방학 과제로 '방학 현수막'을 만들었다.
'해리포터 시리즈 한 번 더 읽기', '매일 그림 한 장씩 그리기' 등 학교에 다니느라 하지 못했던 것들을 마음껏 할 수 있는 시간이 되길 바라며 완성했다.
이어 학기 초에 작성한 타임캡슐 학습지를 보며, 3월 첫날 세웠던 목표를 얼마나 이루었는지 중간 점검하는 시간을 가졌다.
20명의 아이 중에서 1학기에 목표를 이룬 아이는 8명뿐이었다. 심지어 적지 않은 아이들은 자기 목표가 무엇인지도 모르고 있어서 다시 상기시켜줘야 했다.

목표를 세우고도 잘 이루지 못하는 이유는 무엇일까요?

<mark>우선 공부에 대한 의지 문제입니다.</mark> 공부에 있어 가장 중요한 것은 뜻을 두는 것 즉, '공부에 대한 의지'입니다. 내가 공부를 보다 효율적으로 해야겠다, 성적을 내가 정한 만큼 올려야겠다고 마음먹으면 흔히 50% 정도는 성공했다고 합니다. <mark>공부는 대부분 '공부에 대한 마음먹기'에서 출발한다고 봅니다.</mark> 막연한 의지가 아니라 무엇을 어떻게 계획해서 목표를 이루고 말겠다는 다짐에서 출발한다고 봐야 됩니다.

목표를 잘못 세우면, 지키지 못하는 상황이 악순환되면서 '나는 역시 안 돼'라는 부정적인 이미지를 심어줄 수 있으며 자신감을 떨어뜨리고 낮은 자존감을 가지게 됩니다. 특히 자신이 세운 목표를 실천하지 못했다는 것보다 점차 자신을 비하하며 "난 역시 안 돼."라고 생각하게 되는 게 더 위험합니다.

<mark>그렇기에 목표를 이루기 위해서는 너무 거대하고 높게 세우기보다 일주일 정도의 비교적 짧은 기간으로 줄여 세우는 것이 바람직합니다.</mark>

마지막으로 중요한 것은 심리적으로 항상 자신을 긍정적으로 위로하라는 것입니다. '나는 이것을 잘 해낼 수 있어.', '나는 이번에 정한 목표를 잘할 거야.'라는 식으로 스스로에게 긍정적인 메시지를 주는 것도 은연중에 스스로에게 큰 정신적 보상이 된다는 사실을 이해해야 합니다.

'꿈을 날짜와 함께 적으면 목표가 되고, 목표를 잘게 나누면 계획이 되며, 그 계획을 실행에 옮기면 꿈이 실현된다'는 말을 기억하세요.

1 : 목표는 구체적이고 명확하게 정하기 Specific

"이번 시험에 성적을 올리겠다."(×)가 아니라 "자신 없던 수학을 열심히 공부해서 80점을 받겠다."(○) 같은 구체적인 목표를 설정합니다.

2 : 수치화할 수 있는 목표 세우기 Measurable

'하루에 수학 문제집 3장 풀기', 또는 '이틀에 책 1권을 읽기' 등 목표에 숫자를 넣어 세우면 달성하기 쉽습니다.

3 : 생각이 아니라 행동 중심으로 정하기 Achievable

'수업 태도를 고치자.'라는 것은 좋은 결심이지만 행동이 쉽지 않습니다. '선생님께서 강조하시는 내용은 공책에 기록하자.'라는 식의 행동 중심으로 목표를 정하는 게 좋습니다.

4 : 실천 가능한 목표 설정하기 |Realistic

30분도 공부하기 힘들어 하던 사람이 갑자기 매일 2시간씩 공부하겠다는 것은 무리입니다. 목표를 너무 높게 잡으면 쉽게 지칩니다. 따라서 자신의 상황에 맞게 꾸준히 실천할 수 있는 목표를 세워야 합니다.

5 : 시간을 적절히 배정하고 즉시 시행하기 |Timely

큰 목표에 맞게 실천할 구체적인 목표들의 시간을 자신에게 알맞게 배분하고, 바로 행동에 옮기도록 합시다.

지금까지 읽고 쓴 내용 중 기억나는 걸
자유롭게 적거나 그려 보세요.

한 번에 쏙쏙!
허쌤의
공부가 좋아지는
공책필기

※ 이 책은 《어린이를 위한 허쌤의 공책레시피(2014)》를 개정한 신판입니다.

초판 1쇄 발행 2021년 10월 1일

지은이 허승환
그린이 허예은
펴낸이 이형세
펴낸곳 테크빌교육(주)
디자인 곰곰사무소 | **제작** 제이오엘엔피
주소 서울시 강남구 언주로 551, 프라자빌딩 5층/8층 | **전화** (02)3442-7783(333)

ISBN 979-11-6346-139-5 (73370)

책값은 뒤표지에 있습니다.
테크빌교육 채널에서 교육 정보와 다양한 영상 자료, 이벤트를 만나세요!
출판 블로그 blog.naver.com/njoyschoolbooks   **페이스북** facebook.com/teacherville
티처빌 teacherville.co.kr   **키즈티처빌** kids.teacherville.co.kr
쌤동네 ssam.teacherville.co.kr   **티처몰** shop.teacherville.co.kr

이 책의 무단 전재와 무단 복제를 금합니다.
잘못 만들어진 책은 구입하신 서점에서 교환해드립니다.